基于媒介融合的新闻传播创新发展

高海燕　吴　腾　周　冰◎著

图书在版编目（CIP）数据

基于媒介融合的新闻传播创新发展 / 高海燕，吴腾，周冰著 . -- 北京：中国书籍出版社，2023.12

ISBN 978-7-5068-9642-9

Ⅰ . ①基… Ⅱ . ①高… ②吴… ③周… Ⅲ . ①新闻学—传播学—研究 Ⅳ . ① G210

中国国家版本馆 CIP 数据核字 (2023) 第 216441 号

基于媒介融合的新闻传播创新发展

高海燕　吴　腾　周　冰　著

图书策划　邹　浩
责任编辑　李　新
责任印制　孙马飞　马　芝
封面设计　博健文化
出版发行　中国书籍出版社
地　　址　北京市丰台区三路居路 97 号（邮编：100073）
电　　话　（010）52257143（总编室）　（010）52257140（发行部）
电子邮箱　eo@chinabp.com.cn
经　　销　全国新华书店
印　　厂　北京四海锦诚印刷技术有限公司
开　　本　710 毫米 ×1000 毫米　1/16
印　　张　10.5
字　　数　200 千字
版　　次　2024 年 1 月第 1 版
印　　次　2024 年 1 月第 1 次印刷
书　　号　ISBN 978-7-5068-9642-9
定　　价　68.00 元

前　言

随着科技的迅速进步和社会的不断变迁，媒介融合已经成为新闻传播领域一个备受关注的话题。这一现象不仅仅是新闻产业内部的变革，更是信息社会整体发展的重要体现。在数字技术的推动下，传媒形态和传播方式经历了革命性的变化，对传统新闻传播模式提出了前所未有的挑战。因此，深刻理解媒介融合及其对新闻传播的影响已成为学术界和业界共同关注的议题。

本书旨在全面而深入地探讨媒介融合与新闻传播之间的关系，并深化这一主题的认识。本书从多个角度分析媒介融合的概念、特征、分类以及其诱因，探讨媒介融合的常见形态，并在此基础上，研究新闻传播的核心功能和价值实现，考察新闻传播的结构、功能、传播者和受众之间的关系，以及新闻传播的核心价值。此外，本书还深入研究基于媒介融合的新闻传播变革，探讨媒介融合对传播效果和新闻产业的影响，提出基于媒介融合的新闻传播原则和路径，以应对不断变化的传播环境，并聚焦基于媒介融合的融合新闻传播，探讨融合新闻的内涵、生产机制、效应和策略，为新闻行业的创新和发展提供深刻的见解。

本书的研究特色主要体现在以下三个方面：

全面性：本书深入探讨媒介融合与新闻传播的各个方面，涵盖了从概念到实践的多个层面，旨在为读者提供全面而深入的了解。

实践导向：本书研究媒介融合在新闻产业中的具体应用，包括不同传媒形态的融合传播，以及智能化技术在新闻传播中的应用，为新闻从业者提供实用的参考和思路。

前瞻性：本书探讨未来媒介融合与新闻传播领域的发展趋势，包括短视频、自媒体和人工智能技术等，帮助读者预测未来的发展方向。

本书的撰写借鉴和参考了部分专家学者的文章与书籍，从这些文章和书籍中作者受益匪浅，在此，对这些专家们一并表示感谢。由于作者水平有限，本书难免存在纰漏，恳请老师、同道们斧正。

前言

目　录

第一章　深化对媒介融合的认识

第一节　媒介融合的概念及特征

一、媒介融合的概念

产业融合是媒介融合的最早表现形式。当前各媒介之间的竞争已经到了白热化的程度，这里既有传统媒体之间的竞争，也有传统媒体与新兴媒体之间的竞争。要在激烈的竞争中立于不败之地，只有互相联合、互相借鉴、互相补充、做大做强，才能推动各传播媒介之间产业融合的步伐。这既包括传统媒体之间的融合，也包括传统媒体产业与电信产业、互联网产业、物质生产产业等的融合。

（一）从传媒产业链范畴理解媒介融合

媒介融合将渗透到整个传媒产业链中的各个部分，主要包括横向融合、纵向融合。

1. 横向融合

横向融合指的是同类型的传媒企业或非传媒企业之间的融合。由于处于供应链的相同阶段，比如同处于内容制作环节、包装环节、传输环节、操作环节或终端环节，企业为了扩大共同的市场份额、合理利用资源，就会发生横向融合。

2. 纵向融合

纵向融合指的是在传媒产业内部子产业的重组过程中，传媒上游企业（如内容制作企业）和下游企业（如传播渠道企业）之间的融合。纵向联盟的经营业务上至媒体产品的创造，包括新闻、视听节目、书籍等，下至各种形式的产品分销和零售。

（二）从传媒生产形态范畴理解媒介融合

媒介融合使得传媒产业在内容生产形式、传播形式、产业范围、市场占有等方面产生巨大变化，主要包括信息产品形态的融合、传播渠道的融合、业务范围的融合等。

笔者认为，应该从广义的范围来考察和学习媒介融合。在广义上，媒介融合的演进是递进式、立体式的："媒介融合"是指媒介产业在媒介形态、媒介功能、传播手段、资本所有权、组织结构等要素方面所进行的聚合和演进。它既指代这些要素相互融合的过程，也指代新闻生产过程的融合，同时也指代新闻产品以文本、声音、图像、视频、数字等形式呈现出来的信息服务方式的融合。

二、媒介融合的特征

在新技术，尤其是新媒体技术的推动下，媒介融合的趋向越来越显现。媒介融合不仅在技术和形态层面影响着媒介发展，更在深层次上改变着整个媒介生态环境，并由此影响着人类的经济结构、社会生活和文化形态。与此同时，媒介融合也在逐步向更深层次发展的过程中表现出鲜明的传播学特征。

（一）技术先导性

科技是第一生产力，也是推动媒介融合的直接因素。随着数字技术、卫星技术、互联网技术、多媒体技术的进步，这些技术在传媒领域的应用日益成熟，而以数字技术为代表的新技术的高度渗透性和无边界性使得相同技术可以应用于不同媒体终端，从而导致不同媒体之间的界限日益模糊，新的媒体形态不断出现。无论是早期传统媒体与新媒体之间的融合，还是不同新媒体之间的融合，媒介融合的过程都表现出明显的技术先导性，技术在媒介融合的兴起和发展中起到导向性的作用。

（二）媒介内容的多媒体化

媒介内容的多媒体化是指在媒介融合的背景下，媒介制作、生产的内容资源能够且必须适应多种不同媒体的传播特点或发布要求。

媒介融合过程中的技术创新为媒介内容的多媒体化提供了技术支撑和硬件支持。在媒介融合的大背景下，以数字技术为核心的新媒体技术不断进行发展和创新，催生出新的数字媒体平台，从而能够将所有内容资源都集纳到这一平台之上，进行统一整合、加工，为媒介融合提供内容资源基础。以报纸为例，数字技术、网络技术的融合创新催生出网络报纸制作与发布平台，让传统的报纸内容有了网络媒体发布渠道；移动通信技术和数字技术等的融汇则催生出手机报纸制作与发布平台，由此也让传统报纸内容可以通过手机媒体广泛传播；此外，随着数字技术、显示屏技术等新技术的发展进步，形态更加多样化的电子报纸不断涌现，这又给传统报纸内容提供了新的传播平台。

除了技术融合所提供的拉动作用，媒介内容的多媒体化在很大程度上还是媒介融合给媒体带来的市场竞争压力的产物。随着媒介融合的不断深入，各种新的媒介形态和媒介实体不断出现并迅速发展。“内容”作为传媒业的稀缺资源，在媒介融合的时代背景下更具稀缺性。在媒介融合的过程中，内容资源的稀缺性不仅体现在多个（种）媒介瓜分有限数量的内容资源，也体现在同一内容资源需要被发布到不同的媒介平台。由此，内容资源的制作主体就需要在对信息进行编码时就考虑不同媒介平台的传播特点，使内容产品能够适应多媒体传播的要求。以广播为例，在媒介融合的推动之下，广播媒体的数字化趋势愈加明晰，传统广播在延续传统新闻采编等内容生产的同时，也已经开始针对互联网、手机、iPad等新兴媒体终端进行内容资源整合，推出网络广播、手机广播、移动电台等数字化广播形式，传统广播音频内容的发布与传播正在逐渐实现多媒体化。

媒介融合所带来的媒介内容的多媒体化，使得内容生产分工变得精细化；而内容融合所带来的各内容生产环节之间的高度关联性，又增加了每一个生产主体在产业链中所扮演的角色。可以说，在媒介融合背景下的媒介生产活动就是一个不断平衡细分化的角色分工与高度关联的生产环节之间关系的过程。在这一背景下，媒介内容的生产者必须具备较高的职业素养，才能适应媒介融合所催生的精细、复杂的媒介生产流程。

（三）系统性

系统性是指媒介融合并不是单向度的，而是一个多维度、逐渐拓宽和纵深的系统化过程。媒介融合的系统性主要表现在三个方面：

第一，媒介融合是多维度的，且各维度之间具有紧密的联系。媒介融合是随着媒介技术的发展而不断向纵深发展的。在传统媒体时代，媒介融合仅指不同媒体内容之间的相互借鉴、相互融汇，这只能看作是媒介融合的初级阶段，甚至不能算作真正的内容融合。随着媒介技术的进步，尤其是以数字技术为代表的新媒体技术出现，媒介融合才开始向纵深发展，除了在内容层面的融合之外，在技术融合的推动之下，内容接收终端也不断融合出新，新的媒介形态不断涌现，由此也进一步带来电信网、互联网、广电网的相互融合。

第二，媒介融合还是一个由弱到强、由表及里的历史性过程。无论是传统媒体时代初级阶段的媒介内容融合，还是新媒体兴起之后真正意义上的媒介大融合，其过程都不是一蹴而就，而是循序渐进的。首先是技术的融合与创新，以及初级阶段的内容移植；在此基础上催生出各种新的媒介形态，为了适应不同媒介形态的传播特点，内容融合也开始由初级阶段简单的剪切和移植向更高水平的内容创新转型；随着技术融合的进一步发展，不同的媒介形态又将成熟、裂变、融合，终端融合随之而来。

第三，媒介融合的系统性还表现在其多层次、立体化的影响力上。媒介融合不仅对媒介形态、传播内容、传媒产业有着深刻影响，还能改变受众或用户的媒介使用行为；此外，媒介融合除了能影响媒介及其传播过程和产业结构，还有其独特的社会功能，对整个社会环境系统影响重大。

（四）选择性

选择性是指媒介融合的发生和发展是在特定的媒介之间进行的，并不是任何媒介都能够成功地融合，也并不是所有的媒介融合都是按照一个套路、一种模式进行的，这关涉到不同媒介的固有特征、传播特点、产业价值链等诸多因素。

当今媒介融合是整个媒介生态的发展趋势，也成为媒介研究不可忽视的时代背景。但媒介融合并不是一股完全不可控的媒介发展潮流，而是有其规律性的，这种规律性就显著地体现在不同媒介融合的选择性上。报纸能与网络媒体和手机媒体顺利融合产生新的媒介形态（网络报纸、手机报纸），但如果让报纸与广播媒体、户外彩屏相融合，则其过程可能不会像前者那样顺利。因此，媒介融合所应有的选择性不可忽视，这种选择性根植于不同媒介的特性之中，是决定媒介融合顺利与否的关键因素。

从实践来看，媒介融合大体上可分为两种：一是具备相同特性的媒介“组装”在一起，这种融合大多是为了携带、使用上更加便捷，其重点并不在于拓展媒介功能，比如将报纸与广播相融合，将收音机模块直接嵌入手机中等；二是具备不同特性的媒介“组合”在一起，其意义在于媒介功能的互补，最终起到拓展媒介功能的作用。显然，相较于前者，后者更符合媒介融合的题中之意——媒介融合的重要思路之一，就是它不是在淡化媒介的性质，而是强化媒介的性质，分门别类地利用它们的性质，形成功能互补。

第二节　媒介融合的不同分类

一、李奇·戈登的分类模式

2003 年，美国西北大学教授戈登归纳了美国当时存在的五种“媒介融合”类型，主要包括所有权融合、策略性融合、结构性融合、信息采集融合以及新闻表达融合。①

（一）所有权融合

大型的传媒集团拥有不同类型的媒介，因此能够实现这些媒介之间的内容相互推销和

① 蔡雯. 从“超级记者”到“超级团队”——西方媒体“融合新闻”的实践和理论［J］. 中国记者，2007（1）：80-82.

资源共享。如美国佛罗里达坦帕市的媒介综合集团和美国俄亥俄州的新闻电讯集团，都是将各自在同一地区所拥有的报纸、广播电台、电视台和网站进行了融合。

（二）策略性融合

所谓策略性融合，是指所有权不同的媒介之间在内容上共享，如分属不同媒介集团的报社与电视台之间进行合作，相互推介内容与共享新闻资源。

（三）结构性融合

结构性融合与新闻采集、分配方式有关，如美国《奥兰多哨兵报》决定雇用一个团队做多媒体的新闻产品，使报纸新闻能够加工打包后出售给电视台。在这种合作模式中，报纸的编辑记者可能作为专家到合作方电视台去做节目，对新闻进行深入报道与解释。

（四）信息采集融合

所谓信息采集融合，主要指在新闻报道层面，一部分新闻从业者需要以多媒介融合的新闻技能完成新闻信息采集。所谓“超级记者”工作便属此类。

（五）新闻表达融合

所谓新闻表达融合，主要指记者和编辑需要综合运用多媒体的、与公众互动的工具与技能完成对新闻事实的表达。

综上所述，戈登教授的分类是根据当时美国传媒业客观存在的媒介融合现象得出的，尽管能够比较全面地概括特定时期内出现的媒介融合类型，但是这种分类形式并不健全，其根本问题在于分类标准不够统一，前三种是“媒介组织行为”的划分，后两种则是从从业人员的角度进行划分。

二、洛里·戴默的分类模式

2004 年，戴默等几位在美国鲍尔州立大学任教的学者向美国新闻与大众传播学教育学会提交了一篇论文，题为《融合连续统一体：媒介新闻编辑部合作研究的一种模式》，提出了“融合连续统一体”这一概念。他们根据自己所掌握的美国及其他国家的媒介当时的实际情况，界定了“融合新闻”的几种模式以及每一种模式的具体含义。在这里，戴默等人将媒介融合划分为：交互推广、克隆、合竞、内容分享以及融合五种类型。①

（一）交互推广

所谓交互推广，是指作为合作伙伴的媒介相互利用对方推广自己的内容。例如，电视读报节目通过固定的栏目对当天报纸中的主要新闻信息进行相关介绍，这种方式既拓展了自身的信息量，同时也对合作伙伴进行了推广，相互合作，获得双赢。

（二）克隆

所谓克隆，是指作为合作伙伴的媒介不加改动地刊播对方的内容。如合作伙伴之间互相直接利用对方制作的信息内容进行传播，极大地扩充了信息传播的时间和范围。

（三）合竞

所谓合竞，是指作为合作伙伴的媒介之间既有合作也有竞争，如一家报社的记者编辑在某电视台的节目中对新闻进行解释和评论，某一媒介为自己的合作伙伴提供部分新闻内容等。不过，合作的媒介之间依然存在着相互戒备，在电视上露面的报纸记者不会愿意透露那些构成报纸独家新闻报道的关键信息。

（四）内容分享

所谓内容分享，是指作为合作伙伴的媒介定期相互交换线索和新闻信息，并在一些报道领域中进行合作，如选举报道、调查性报道等，彼此分享信息资源，甚至共同设计报道方案，但各媒介的新闻产品仍然是由各自的采编人员独立制作的。

（五）融合

所谓融合，是指作为合作伙伴的媒介在新闻采集与新闻播发两个方面进行全方位的合作，他们的共同目标是利用不同媒介的优势最有效地报道新闻。多个媒介的记者编辑组成一个共同的报道小组，策划新闻报道并完成采编制作，并决定哪一部分内容最适合在哪个媒介上播发。

最能代表融合的是“论坛公司”和“媒介综合集团”。这两家公司都以自己所拥有的同在一个地区的报社、电视台和网站为基础，构造了不同类型的“融合新闻”平台，并取

---

① 蔡雯. 从“超级记者”到“超级团队”——西方媒体“融合新闻”的实践和理论［J］. 中国记者，2007（1）：80-82.

得引人注目的成果。这应该是迄今为止最高层次的“媒介融合”了。

针对以上两种对“媒介融合”的分类方式，我们可以看出，戴默教授等人的划分方式明显比戈登教授的方式合理，五种模式的融合程度依次由弱到强、由简单到复杂。在现实中都存在着这几种“媒介融合”的例子，如报业集团、媒体联盟以及平面媒体电子化等现象。

国内的很多学者也对“媒介融合”进行过划分，但大都不会脱离这两种划分方法。

第三节　媒介融合的多维诱因

一、媒介融合的技术诱因

技术被认为是媒介融合的最根本动因，是媒介融合发展的核心驱动力。最早提出融合概念的美国学者普尔认为，媒介融合指的是各种媒介呈现出多功能一体化的趋势，即在传媒产业领域，随着网络带宽化和文件压缩等技术的发展，传媒产业界限不断被突破的现象。可以说，他对于媒介融合的敏锐嗅觉，正是源自技术层面。信息传播技术的发展总是在推动媒介的发展变化，每一次新的传播技术的产生都会催生出传播媒介的新变化，并且使传播媒介之间的联系更为紧密。2016 年 8 月 22 日，人民日报媒体技术股份有限公司联合腾讯云共同发布我国首个媒介融合云服务平台——中国媒介融合云，正是意在为媒介融合发展消除技术瓶颈。

传播技术之所以能够成为媒介融合的直接诱因，主要表现在两个方面：一是传播技术的提高和更新可以推动媒介形态的发展，二是传播技术的提高和更新可以产生新的媒介形态。

（一）传播技术的提高和更新推动媒介形态的发展

在漫长的人类历史中，人们一直在想方设法超越空间进行信息传播，超越时间保存传播的内容。这种长时期的努力终于催生了各种各样的传播媒介。同时，传播媒介也始终处于不断变化发展之中，而技术创新则是媒介变革的根本推动力。

1. 传播技术的主要变革

迄今为止，人类已经历了五次信息传播技术的革命：第一次是形成了语言，第二次是出现了文字，第三次是发明了印刷术，第四次是电子通信的普及，第五次就是现在正在经历的以互联网络技术为主导的信息传播技术革命。

人类历史上的每一次传播技术创新都把媒介推进到一个新的发展阶段，媒介变革与技术创新有着密切的联系。

（1）语言的产生促进了信息传播的产生

在漫长的人类进化史上，原始传播时期是历时最久的，长达几百万年。经过无数代的进化演变，随着祖祖辈辈的劳动锤炼，人类的大脑逐渐发达，发音器官逐渐完善，思维能力逐渐进化，大概在几十万年前产生了音节语言。语言的产生是人类传播史上第一个重要的里程碑，由此产生了人类的第一种传播方式——口头传播。从此以后，口头的语言传播就成了人类主要的传播形式，成了联系社会成员的基本纽带，促进了人类社会的发展。

口头传播阶段是人类传播活动的第一个发展阶段，这一阶段使人类摆脱了“与狼共舞”的野蛮状态，与其他生物具有本质的区别，并且将人从单个个体结合成一个完整的人类社会。但是，作为音声符号的口语有其固有的局限性：一是口语是靠人体的发声功能传递信息的，由于人体的能量的限制，口语只能在很近的距离内传递和交流；二是口语使用的音声符号转瞬即逝，记录性较差，口语信息的保存和积累只能依赖人脑的记忆力。口语传播受到空间和时间的巨大限制。这些限制都促使新的传播技术产生，文字便应运而生。

（2）文字的出现促进了传播的发展

语言是人类第一种系统的信息表达形式和载体。它使人类可以进行面对面的信息交流和传播，但它是不可视的，不可停留，也无法保存。随着人类社会的发展，产生了应当把语言转化为可视的、可保留的信息的需要。人们为了帮助记忆，开始用小石块、小木棒、小贝壳等实物记事，最先是将记事的这些东西堆放着，当记下的事物多了，就容易混淆或遗忘。后来人们知道按事情发生的时间顺序来回忆可以变得容易一些，于是就把记事的小木棒或小贝壳等用绳子按发生的时间顺序系成串，或者在绳子上打上各种不同的结来标示各种不同的事情，这就是所谓的“结绳记事”。这比把记事物件散乱堆放，对回忆的帮助强了一些。但是这种记事方法只起到帮助人们回忆的作用，并不直接表示事物本身，记事主要还是靠人脑的记忆能力。当记事串太长了后，时间久了，人脑把从前的事彻底忘了，它帮助记忆的作用也就没有了。为了克服这种记事方法的缺点，人们必须另想别的办法。

图画本身可以表示一些具体的事物，于是人们就发明了用图画来表示事情的方式。但图画也存在一些局限，最主要的就是图画过于复杂，不便于交流，同时，图画也较难表示比较抽象的信息。为了解决这个问题，人们把原来的图画改进成用图形符号和抽象符号来表示一种概念或语言的单词，然后再将一个一个的象形符号和抽象符号按语法规则排列起来，只要将这些“图符”事先在人群中约定它们分别代表什么词意和词音，人们一看这些图符的排列，就知道它们表示的是什么语句，由语句就知道这个“图符排列”表示的是什么事情了。这就是原始文字的产生。

原始文字的产生具有划时代的意义。原始文字产生以后，把不可视、不可保留、不可远距离传播的语言信息，转变成可视的、可以保留的、可以远距离传播的文字信息，使人类的思想、方法、经验等可以实现历史性的积累和流传。

（3）印刷术的发明提高了传播的效率

文字的产生使信息可以长期保存，可以使信息进行远距离传播，但在印刷术发明之前，文字信息的传播主要靠手抄的书籍。手抄费时、费事，又容易抄错、抄漏，给信息的传播带来损失。

印刷术的产生给人类信息传播带来了革命性的发展，它具有以下几个重要的改变：

第一，印刷术可以使印本大量生产，使书籍留存的机会增加，减少手写本因有限的收藏而遭灭绝的可能性。由于印本的广泛传播及读者数量的增加，信息传播的垄断集中有所削弱，信息传播的范围大大扩展。

第二，印刷术使文字信息的版本统一，这在很大程度上避免了手抄本可能产生的讹误。印刷术本身不能保证文字无误，但是在印刷前的校对及印刷后的勘误表，使得后出的印本更趋完善。通过印刷工作者进行的先期编辑，书籍的形式日渐统一，而不是像从前手抄者的各随所好。

第三，印刷术促进教育的普及和知识的推广。印刷术使书籍的成本大幅下降，价格便宜使更多人可以获得知识，进而影响他们的人生观和世界观。书籍普及会使人们的识字率提高，反过来又扩大了书籍的需求量。此外，手工业者从早期印行的手册、广告中发觉印行这类印刷品可以名利双收，这样既刺激他们提高了阅读和书写能力，又帮助了一些出身低微的人们提高了社会地位，改善了社会处境。

（4）电子通信的普及延展了传播的时空维度

在电报、电话等电子通信手段未发明以前，长途通信的主要方法有驿送、信鸽、信狗以及烽烟等。驿送是由专门负责的人员乘坐马匹或其他交通工具，接力将书信送到目的地。建立一个可靠及快速的驿送系统需要十分高昂的成本，首先要建立良好的道路网，然后配备合适的驿站设施，这在交通不便的地区是不可行的。使用信鸽通信可靠性甚低，而且受天气、路径的限制。使用烽烟、灯号等肉眼可见的讯号以接力方法来传讯，同样成本高昂，而且易受天气、地形影响，因此当时只有最重要的消息才会被传送，而且其速度在今天看来是极其缓慢的。

电报是最早使用电进行通信的方法，主要用作传递文字信息。电报的产生大大加快了消息的流通，是工业社会的一项重要发明。早期的电报只能在陆地上使用，后来使用了海底电缆，才可以开展越洋服务。到了 20 世纪初，人们开始使用无线电拍发电报，电报业务基本上已能抵达地球上大部分地区。

电话是最早的远距离语音实时通信方法，它主要用来传输语音信息。电话的产生使人们远隔千里也能如同面对面一样进行语言的交流，大大缩短了人和人之间的传播距离，大大提高了传播信息的时效性。

以电报和电话为主的电子通信的普及提高了人和人之间传播的效率，拉近了人与人之间的传播距离，使信息的传播范围第一次覆盖了全球的各个角落。

（5）互联网传播将各种传播媒介融合为一体

网络传播是以多媒体、网络化、数字化的国际互联网络为平台进行的信息传播形式，是现代信息革命的产物。网络凭借技术优势，集文字、数据、图像和声音于一体，弥补了传统媒体的技术鸿沟，是传播史上迄今为止最先进的传播工具，对人类的传播方式产生了巨大的冲击和影响。

2. 影响媒介变革的技术创新

推动媒介变革的最重要的几项关键性技术是，信息处理技术、信息传输技术和网络技术。

（1）信息处理技术

信息处理技术最大的发展就是计算机的出现。计算机已经成为媒介变革的主要动因。从 1946 年美国制造出第一台电子计算机至今，在半个多世纪中，电子计算机经历了巨大的变化，从电子管计算机、晶体管计算机，到小面积集成电路计算机、大规模集成电路计算机以及大集成电路计算机和光计算机。通过以计算机系统为主体的信息处理技术，所有的信息都可以以数字化形式存储、传播，都可以通过计算机进行处理，通过网络进行传输，在整个处理和传输过程中都可以转换为“0”和“1”两个符号，不用管它到底是文字、声音还是图像。这就使原本在形式上完全不同的信息得到了统一，这种统一使信息内容制作和处理可以实现融合。当前社会信息化有三个标志性系统：计算机系统、电子通信系统、广播电视系统，这三个系统无不与信息处理技术联系在一起。

（2）信息传输技术

信息传输技术的发展主要源自通信技术的进步，光纤通信技术、卫星通信技术和无线移动通信技术是目前最重要的三种信息传输技术。光纤通信以其高带宽和高可靠性成为信息高速公路的主干传输手段；卫星通信覆盖区域大，通信距离远，是目前远距离越洋电话和电视广播的主要手段；移动通信则以其高度的灵活性和机动性成为信息社会人们普遍采用的通信形式。

光纤通信是利用光作为信息载体、以光纤作为传输介质的通信方式。在光纤通信系统中，作为载波的光波频率比电波的频率高得多，而作为传输介质的光纤又比同轴电缆或导波管的损耗低得多，所以说光纤通信的容量要比微波通信大几十倍。光纤是用玻璃材料构造的，它是电气绝缘体，因而不需要担心接地回路，光纤之间的串绕非常小；光波在光纤中传输，不会因为光信号泄漏而担心传输的信息被人窃听；光纤的芯很细，由多芯组成光缆的直径也很小，所以用光缆作为传输信道，使传输系统所占空间小，解决了地下管道拥挤的问题。光纤通信技术的应用极大地提高了网络传输的带宽，使各种多媒体内容的实时传输成为可能，为网络融合解决了传输介质的问题。

卫星通信技术是信息传输技术变革中最重要的一种技术。20 世纪 60 年代以后，卫星通信技术的出现使人们可以利用太空通信卫星进行通信和电视远距离传播。1962 年，美国“电星一号”发射成功，将美国发射的节目传送至欧洲，又将欧洲发射的节目传送至美国。1965 年 4 月，“国际电信卫星公司”将第一枚商用通信卫星“晨鸟”送入大西洋上空的轨道，从此世界各国均纷纷利用通信卫星传播电视节目。电视传播手段由过去的地面微波传送、局部覆盖，发展到利用同步卫星转播电视节目、进行全球传播。

无线移动通信技术是在 20 世纪 80 年代开始发展起来的，目前已得到相当的普及。移动通信技术的出现和发展满足了人们在任何时间、任何地点与任何个人进行通信的愿望。移动通信以其智能化、个性化、宽带化成为实现个人通信服务的必由之路。

这些新兴的通信技术不仅使信息的传播在时间和空间上得到较大改善，也使信息的传输通路得到统一。原先的报纸、广播、电视都通过各自独立的传输渠道与广大受众进行信息交流，不仅在信息传播的时间上存在滞后性，在信息传播的覆盖范围上也有很大的局限性。通过现代通信技术的发展和应用，网络报纸、网络广播、网络电视等新型的传播媒体可以通过统一的传输网络在第一时间面向全球的用户进行信息传送，这种变化使媒介的传输渠道实现融合。

（3）网络技术

网络技术是计算机技术和通信技术结合的产物，具有跨媒体、跨平台、超链接、交互性、多终端等特性。网络技术在使信息的传播速度大大提高的同时，使信息接收也变得更加快捷简便。过去人们针对各种不同的媒体采用不同的方式获取其传递的信息，如通过购买阅读报刊获取报刊上登载的信息，通过收听广播获取广播音频信息，通过观看电视获得电视音视频信息。现在我们可以仅通过网络这个公共平台，同时获取各种媒体所发布的信息，而且这些信息具有比以往更高的时效性和交互性。网络技术使信息的传播容量无限量增加，使信息接收方式变得更加快捷简便。同时，网络技术也为人们获取信息提供了多种不同的渠道和平台，使信息可以轻松实现全球性覆盖，突破时间和空间的限制。

（二）传播技术的提高和更新产生新的媒介形态

信息处理的硬件由计算机和信息存储装置构成；媒体传输技术是指传递声音和图像的

装置，如电视、收音机和电话。过去，这两种技术是各自独立的，相互之间有明确的界限。计算机用于管理和处理信息、数字和文本；而电视、收音机和电话被用于传递图像和声音。现在，随着技术的不断发展，这两种技术之间的界限正在迅速变得模糊起来，而且将有消失的可能。

1. 电子出版

在电子计算机的帮助下，许多传媒工作，例如写作、编辑、排版和印刷等可以很方便地从计算机网络中获取大量信息，工作效率大幅提高。文字、图片、图表等都可以利用电脑进行处理、制作。现代化的多功能绘图电脑使人们只需移动激光笔、调整键盘，便可在荧光屏幕绘画制表，创作出理想的画面。

借助于现代信息技术，印刷媒介发生了一系列根本性的变化。一是出版过程的简化，二是采写方式的高效率化，三是报纸形态的电子化，报社变成了一个电脑信息中心，只要把读者的电脑与之相连接，报纸的一切信息就可以按订户需要随时呈现在读者的电脑屏幕上，这就是所谓的“电子报纸”。

2. 卫星电视

通信卫星的构成主要包括中继器、天线、遥测指令系统、控制系统及电源系统，其显著优点是传播的距离极远、范围极广。

3. 网络广播

网络广播通过在国际互联网站点上建立广播服务器，在服务器上运行节目播送软件，将节目广播出去，访问者在自己的计算机上运行节目接收软件，访问该站点，就可以收听、收看、阅读广播信息。网络广播的形式不仅有音频，也有视频和文字。其利用信息数字化技术和高速度、高容量的光纤通信技术及交互技术等高新技术，克服了传统广播的弱点，跨越时空限制，极大地扩大了传播范围，改变了传播方式，为广播的发展开辟了一条全新的道路。在美国，自 1995 年网络广播问世，几乎每周都有报纸、杂志、电台和电视台宣布入网；在欧洲，英国广播公司也在网上开通了英语广播；在我国，中央人民广播电台、中国国际广播电台等主要的电台都先后推出了网络广播，在更大的范围内争夺受众和市场。

4. IPTV

IPTV 是 Internet Protocol Television 的缩写，即交互式网络电视，是一种利用宽带有线电视网，集互联网、多媒体、通信等多种技术于一体，向家庭用户提供包括数字电视在内的多种交互式服务的崭新技术。它具有以下特点：用户不仅可以得到高质量数字媒体服务，还有极为广泛的自由来选择节目，实现媒体提供者和媒体消费者的实质性互动。

二、媒介融合的经济诱因

传播技术的发展是促成媒介融合的直接推动因素，也是媒介融合得以实现的先决条件。如果没有传播技术的保证，所有关于媒介融合的设想只能是水中花，镜中月；但仅有技术的保障而没有效益的驱动，传统媒体依然没有改变的动力。所以，市场竞争的压力和对经济效益的追求是促使传统媒体相互联合进而促进媒介融合的诱导因素之一。

在现代传播的大背景下，各传统媒体既要面对行业内部的竞争，更要面对新媒体的冲击，在这种情况下，如何做到“人无我有、人有我优”就成为各个媒体所面对的首要问题。面对竞争的压力，最好的解决之道就是做大做强，即形成规模化生产；而要做到业内领先就要不断创新，走专业化道路是大势所趋。

（一）规模化生产促进内部整合，降低经营成本

经营成本是任何生产企业都必须面对的一个重要问题，传媒企业也不例外。传媒企业由于自身的特点，在经营成本上又具有相较于其他类型企业的独特之处。

第一，传媒企业的资产运营是跨行业的，可以包括报社、杂志社、电台、电视台以及网站等，这些企业的运作和经营方式各不相同，向受众所提供的信息的形式也各不相同，但它们都是向受众提供信息服务的，在这一点上各类媒体在经营和管理形式上具有融合的可能性。

第二，传媒企业的产品是信息，而信息具有共享的特性，报刊的信息可以被电台、电视台利用，而电台、电视台的信息反过来也可以被平面媒体所使用。在信息资源共享方面，各类媒体具有内容生产和信息传播平台融合的可能性。

第三，专业化的人才资源是传媒企业的重要资本。当今传媒企业的竞争在一定程度上取决于技术的竞争和知识的竞争，而这些竞争归根结底是人才的竞争。面对新媒体的各种不同功能，过去单一型的人才已经不能适应当前的传媒工作，现在要求媒体从业人员应具有一专多能的能力。平面媒体的从业人员要掌握处理多媒体信息的能力，而广电媒体的从业人员也应能够掌握处理平面媒体信息的能力。这种“多面手”式的复合型媒体从业人员使各类媒体实现人员的整合使用成为可能。

如今，各种大众媒介从独立经营转向联合运作，形成规模化生产的报业集团、广电集团，甚至是结合平面媒体和广电媒体的综合信息传播中心。这样在信息的采集、制作、发布等方面能够实现产品规格的统一和标准化。资源的共享可以最大限度地减少人力、资金和设备的重复投入，最大限度地降低生产成本，从而在激烈的行业竞争中立于不败之地。

（二）专业化发展提高信息产品质量

随着传媒企业的规模化建设，企业规模不断扩大，新闻或其他信息生产与发布的技术更为多样、复杂，习惯于传统媒体生产流程的任何单一机构，都不足以承载多媒体内容生产的完整架构。因此，整个传媒业的机构需要在一个新的层次上进行重组，每一个小机构都是作为一个大机构中的一分子，完成自己所擅长的某一个“部件”或某一环节。传统媒体更多的是作为内容的提供者，而专业技术公司则作为内容的包装者、发布者与推广者。

在这方面，新兴媒体充分利用了专业的技术公司来完善自己信息内容的制作和传播。传统媒体在这方面也不甘落后，例如，美国的报摊公司，利用自己的技术，与全球几百家报刊形成了合作关系，共同制作以及通过网络发行新型电子报纸，这其中包括《纽约时报》《今日美国》等大报。传统媒体将其所不擅长的技术流程转移到专业公司，技术公司不仅仅充当着后台技术的提供者，还成为前台的发行者。受众可以在一个类似于传统“报摊”的地方挑选自己所需要的世界各国的产品，而“报摊”的集中“贩卖”方式，也造成了一种平台上的强势，通过多家媒体的集合效应形成强大的吸引力。

综上所述，过去单一的传媒企业通过规模化的方式形成传媒集团，降低了自己的生产经营成本，合理地利用了人力资源和信息资源，极大地提高了自身的经济效益；而通过联合专业化的技术公司，使自身的信息产品在形式和内容上都有了质的提高，进一步满足了广大受众对信息多样化的需求。这些都促使各传媒企业为了自身的经济利益不断地与业内或业外的其他企业进行渗透与融合。

三、媒介融合的受众诱因

传媒企业要获得最大的社会效益和经济效益，不断使自身向前发展，就必须要满足广大受众对传媒产品的需求。抓住了受众就等于抓住了市场，也就把握了企业自身发展的方向。

随着传播技术的发展，各种多媒体形式的信息大量地呈现在广大受众面前，现在的受众已经不满足于过去那种单一的信息表现形式，而是希望获得集文字、图形、声音、影像等多种媒体形式于一体、具有较强交互性和实时性的信息形式。这些变化归纳起来主要有四个方面，即信息密集化需求、分众化需求、多样化需求和便捷化需求。传媒企业只有把握住受众需求的这些变化，才能获得受众的认可，从而使自身得到发展。

（一）受众的信息密集化需求促动规模化生产

当前全球已经进入到信息爆炸的时代，受众获取信息的渠道是多种多样的，特别是网络传播的产生，使受众可以在事件发生的第一时间就获得大量相关信息。美国的“9·11”事件发生时，在国内最先报道的媒体都是网络媒体。而这种信息报道具有较强的时效性和密集性，如新浪网在事件发生大约1小时后就以快速更新的形式在网页上大量传递事件发生的情况，且更新的频率非常高，这样密集的信息提供可以大量吸引用户的注意力。反观传统媒体，无论是在时效性还是在信息的密集度上都存在一定差距。由此可见，如何吸引受众的视听、凝聚起足够的社会注意力资源是提升媒介影响力的前提。具有规模化优势的传媒在定位相同、内容同质的情况下，总是要比没有规模优势的传媒具有更大的社会影响力。因此，在等质等效的同类竞争中，传媒比拼的是各自的规模。此外，数字技术和网络技术带来的媒介终端设备的丰富和信息含量及信息表现形式的丰富，也都要求传媒企业进行规模化生产。

（二）受众的信息分众化需求激发特色信息服务

受众分众化的需求，就是受众对传媒产品特色的要求，如果与众不同的特色能够满足人们的需要，这种特色就能够产生很大的市场价值和社会价值。因此，以特色取胜是传媒在吸引社会关注的竞争中经常采取的另外一种手法。特色竞争主要依赖资源的独特、定位的精准和内容的不可替代性。而特色的形成更多地源自传媒独特的生产方式、传媒资源的优化配置和价值链条的有机支持。新兴媒体一出现就受到广大用户的欢迎，而对传统媒体产生了如此巨大的冲击，最主要的原因就在于新兴媒体本身具有其他传统媒体所不具备的传播特点，即信息传播的交互性。受众通过新媒体获取信息，可以根据自己的需求来安排获取信息的时间、内容、形式和方法。传统媒体正是看到这一点，才纷纷与网络媒体结合，利用新媒体来扩展自己的传播渠道，为广大受众提供各种特色信息服务。

（三）受众的信息多样化需求拉动全媒体信息服务

数字化技术使各种信息产品有了共同的物质基础，这给信息产品的整合带来了便利。各个媒体的内容可以更加方便地实现相互嵌入，并根据各个媒体的传播特点和受众的需求进行重组和分装，由此市场中将出现更为多样化的版本和更为丰富的内容，以满足受众个性化的需求。例如，过去的平面媒体仅能通过图片、文字等单一形式来进行信息传播，而现在的电子报纸、电子杂志在满足受众阅读文字需要的同时还能配以悦耳的音效和精彩的视频内容，大大提高了受众阅读的趣味性。这就要求传媒企业既要提供信息内容，又要为内容赋予受众各种喜闻乐见的形式。为此，传媒企业就需要与新媒体企业和相关技术公司合作，利用全新的传媒技术来更好地包装信息产品。

（四）受众的信息便捷化需求催生即时即地的信息服务

随着信息技术的不断发展，受众在获取传媒产品和参与传媒活动时更希望摆脱时间、空间的限制。因此，随时随地地获取信息、服务日益成为信息消费形态的主要诉求，而媒介融合恰恰能满足这一诉求。例如，目前被用户广泛接受的微信订阅号，就是传媒企业通过与即时通信服务应用相结合而产生的一种新型信息传播方式。

四、媒介融合的文化诱因

后现代文化特征是媒介融合的深层诱因。后现代主义的文化渗透让新媒体及其用户具备了碎片化、零散化、无中心的特点，从而共同建构了适于媒介融合发展的媒介文化和媒介环境。在这种媒介文化背景下，大众传播时代向分众传播时代转变，传统媒体时代处于被动接受地位的“受众”向具有个性化需求和互动参与特性的媒介“用户”转变，从而为媒介融合提供了重要的生产指向。

第四节　媒介融合的常见形态

一、内容融合

由于消费者对内容消费的规模化需求，同时，数字化技术提供了大规模内容生产的可能，因此出现了以内容产业作为生产形态的融合性生产，进而形成了内容融合。

（一）内容融合的成因

在以数字技术为基础的现代信息技术的推动下，内容的形态可以得到统一，规模化的信息内容生产应运而生。内容生产有可能独立于传统的各种传媒机构之外而形成独立化、规模化、专业化的内容生产，满足广大受众日益高涨的信息内容需求，从而形成内容融合。

现代信息技术使信息内容的表述通过数字化技术得到统一，使内容的融合成为可能，这是内容融合产生的决定性因素和必要条件。此外，激烈的市场竞争、广大受众的要求和政府相关政策的转变都对内容融合的产生起到了巨大的推动作用。

1. 现代信息技术的推动

现代信息技术的产生使传媒活动有了巨大变化，其中最为重要的就是数字化技术的出现。数字化技术将过去不同形式的信息统一成由“0”和“1”构成的数字化信息，打破了过去各传统媒体之间互无联系的局面。因此，以数字技术为核心的现代信息技术一直是内容融合的形成基础，同时也对内容融合产生着巨大的影响力。

（1）信息内容的数字化处理

当今是信息化时代，而信息内容的数字化处理也越来越为人们所重视。所谓信息内容的数字化，就是现实世界中的文字、图形、图像、动画、声音等各种形态的信息，都可通过计算机的处理，以“0”和“1”来表示，因此用数字媒体就可以代表原先的各种媒体，就可以描述千差万别的现实世界。

人类自从进入文明社会以来就一直在进行信息内容的生产和处理，每一次技术的进步都会让人类在信息加工处理方面发生巨大变化，但是没有任何一种信息技术的出现像计算机技术那样对信息处理的变革产生如此巨大的影响。以前我们在处理信息内容时，总是根据信息内容的种类和形态分门别类地进行，彼此互不交叉。例如，在处理平面信息内容时通过文字和平面印刷来进行；处理声音、影像信息时通过声音、影像的录制、后期编辑来进行。这就使信息内容的处理彼此之间有了分离，也就形成了目前各自独立的媒介形态单独生产信息内容的局面。而计算机的应用则使信息内容的处理方式进入了一个崭新的时代。计算机技术投入到信息内容的生产环节之后，为我们提供了一个统一处理各种类型信息的共同平台，在这个平台之上，原先分离的媒介形态的信息内容生产可以共同进行，从而实现信息共享、资源互通。这主要依赖于计算机技术在两大方面的不断进步：

第一，半导体技术提高计算机硬件处理能力。1946 年，世界上第一台电子计算机出世，但是当时的计算机由于体积巨大、性能有限，主要被用于大型计算，难以在信息处理方面广泛应用。随着半导体技术的飞速发展，计算机的体积不断缩小，性能不断提高。特别是自 20 世纪七八十年代开始，半导体技术的发展日新月异。随着这种技术的进步，计算机的信息处理和信息存储能力都大幅提高，使计算机的普及应用和参与信息处理，特别是多媒体信息的处理成为可能。最终计算机成为一种被大众广泛使用的生产和处理信息的公共平台。

第二，软件技术优化人机交互的信息生产环境。半导体技术的提高使计算机成为信息生产和处理的平台，但人才是信息内容的生产者，如何使人们在简单、直观的界面下使用计算机进行信息的生产和处理是计算机信息处理的另一个重要问题。

计算机在早期时人机交互界面较为复杂，也缺乏直观性和友好性，对使用者有较高的专业要求，需要使用者具有大量的计算机专业知识和技能，这种情况严重阻碍了计算机信息处理的发展。随着软件技术的不断进步，从 DOS 系统到 Windows 系统，从字符界面到图形界面，近年来，计算机的软件环境越来越人性化、智能化，人们不需要掌握较多的计算机知识也可以轻松完成信息的生产和处理，使计算机信息处理的广泛普及成为可能。

（2）信息内容的快速存储和检索

随着计算机技术在信息生产和处理领域的广泛应用，信息内容的数量和形态都得到了大幅度提高，这就需要我们找到一种可以便捷、快速地存储这些信息内容的方法。传统媒体在生产出大量信息内容的同时，又需要大量空间和设备来存储这些信息内容，无法实现信息资源的快速共享。如平面媒体的信息内容以纸质形式存储，广电媒体的信息需要添置另外的设备才能进行存储，均需消耗大量的额外资源。此外，其所保存的信息内容也无法被方便地检索，使内容融合所需的大规模信息资源共享无法实现。

随着数据存储技术的发展，不同形态的信息被数字化以后可以存储在大容量的数字存储设备中，这种存储设备具有存取速度快、体积小巧、容量巨大的特征，非常适合大容量的信息数据保存，为信息内容融合后产生的海量信息数据提供了良好的存储空间。

内容融合将导致信息内容的大量增加，如何管理和使用这些信息非常重要。20 世纪六七十年代，数据库技术的出现使人们找到了一种高效管理这些存储的信息内容的方法。通过各种类型的数据库系统，我们可以按照各自的需求进行信息的输入、修改、删除、检索等，极大地提高了信息内容的管理效能。尤其是随着网络技术的发展，网络检索技术和网络数据库技术在为我们提供了一个近乎无限容量的信息存储空间的同时，也为我们提供了一个高效的检索信息内容、共享信息资源的统一平台。通过这个平台，可以随时、随地以各种形式来收集、管理、汇总和检索信息内容，为内容融合所需的大规模内容生产提供了一个良好的信息内容管理平台。

2. 市场需求的引导

无论是传统媒体还是新媒体，任何传媒企业要生存和发展，都要适应受众市场的需求，获取最大的市场份额，这也是各个传媒企业的基本要求。现代传播技术使信息内容实现规模化生产，从而带来海量的信息内容产品，并通过各种媒介终端将这些信息内容产品传递到受众面前；同时，由于新的传播模式打破了传统媒体所固有的时空限制，受众在信息获取方式上的自由度也随之提高，多样化、便捷性成为人们追逐的目标，这也在信息数量和受众信息获取方式上体现了市场需求对内容融合的促进作用。

3. 竞争的压力

长时间以来，传统媒体依靠信息资源的稀缺性及其对信息内容的垄断性，一直在大众传播中占据着不可替代的统治地位。但是随着传播技术的发展和新兴媒体的出现，信息的数量和形态都大大增加，这种稀缺性在逐步减弱，受众的关注也逐渐转向新兴媒体。面对传播技术的发展和新兴媒介的冲击，传统媒体逐步向数字媒体领域发展，从进入互联网络到与其他数字终端媒体不断结合，这种竞争对内容融合起了极大的推动作用。

4. 政策的促进

传统大众传媒对社会的影响力很强，政府必须从政策上进行严格管制。在大部分国家，传统的媒介规制方式都由基础技术平台的分类所决定。新兴媒介形态的产生改变了传统媒体一统天下的格局，广大受众不再仅仅依赖传统媒体获取信息内容。随着其影响力的下降，政策的保护力度也应相应降低；新兴媒介以其特有的优势获得越来越多的受众关注，同时，其在信息内容的生产、传播方面也需要更大的自由空间和更为宽松的政策管制。

（二）内容融合的形态

1. 内容形态融合

信息内容只有通过各种具体的符号才能被受众获取和使用。根据符号的不同，受众获取的信息包括文字、图片、声音、影像等。在传统的内容生产中，这些形态是独立存在的，这使受众在获取信息时，无法全方位地了解信息内容。如以传统报纸为平台的平面信息只有文字和图片，人们无法直观地看到、听到具体的信息内容。现在通过数字化技术，这些独立的信息形态能够融合在一起，使受众能够以多媒体的形式获取信息，满足其对信息内容的多样化需求。例如网络报纸，我们在阅读文字、查看图片的同时，还可以听到声音、看到视频内容。信息内容形态的融合是内容融合的最基本形式。

2. 媒介载体融合

传统的信息内容生产是和不同的媒介形态紧密相连的，针对相同的信息内容，不同形态的媒介按各自的特点生产出不同类型的信息内容，彼此无法兼容。内容的融合通过数字化技术将各种形态的信息内容统一在一个信息生产平台之上，使信息的形态呈现出多媒体的特点。在这种情况下，原先各种媒介单独进行内容生产的形式已经无法满足海量信息内容生产的需要，各个独立的媒体也不具备单独进行多媒体内容生产的能力。这就需要各种媒介载体在内容生产上进行联合，信息互通、资源共享、集成生产，从而导致传媒产业链的重新构建。

3. 技术属性融合

传统的信息内容生产是以模拟的方式进行的，不同的媒介有各自不同的方式，需要各自独立的设备和技术，容易造成资源的浪费。通过数字技术将模拟内容转化为数字内容，就可以使信息内容的生产统一在以计算机为主体的共同平台上进行。通过统一的平台，可以将相同的信息内容加工成各种不同的形式，面向不同需要的广大受众。这个平台既整合了内容生产的手段，也提高了信息资源的使用效率，并且使信息内容产品具有单独生产所不具备的规模化和标准化特征。

二、网络融合

（一）网络融合的概念界定

广电网、电信网、互联网的融合主要包含两个层面的内容：一是“三网”基于技术的融合；二是“三网”基于业务的融合。

1.“三网”基于技术的融合

电信网、广电网和互联网在刚出现时，由于其各自不同的业务种类，在构成和应用技术上是相互独立的。电信网主要用于语音交换，采用的通信方式主要是电路交换，这种方式可以使用户之间实现双向、一对一的实时连通，具有较强的实时性。但是其也存在自身的缺陷，那就是电路交换在用户通信过程中要求独占线路资源，易造成资源的浪费。广电网主要用于语音和图像的广播，采用总线连接的方式，所有的用户共享一个信道，不用进行交换。但它是一种单向的传输网络，所有信息都是以广播的形式传送的，用户只能被动地接收，无法进行双向互动。互联网是一种点对点的网络，主要采用分组交换的方式进行通信，采用 TCP/IP 协议，实现用户间的数据传送和信息资源共享。

由此可以看出，“三网”之间本身存在着很多不同，也分别用于不同的领域。但是随着技术的不断进步，“三网”之间出现了技术上的交融。数字化技术将“三网”原先各自传输的语音、图像和数据都转化成了由“0”和“1”构成的符号，使传输的内容实现了统一；IP 技术将原先独立的网络资源统一起来，构成了一个统一的网络平台，在这个平台之上，各种业务、各种服务、各种软硬件资源、各种传输协议得到融合；光通信技术极大地提高了网络的传输带宽，使得各种多媒体信息也可以通过电信网和互联网来进行实时传输，“三网”的传输介质得到了统一。由于技术的不断进步、不断融合，“三网”自身在技术融合的基础之上进行相关的改造，逐步向彼此的业务领域渗透，才导致整个网络功能的融合。因此，“三网”融合的一个重要方面就是技术融合。

2.“三网”基于业务的融合

最初，电信网只是用来提供话音业务的。1877 年贝尔电话公司成立，标志着电信网的诞生，1936 年英国开始电视广播，1953 年美国开始彩色电视广播，用户通过电视天线接收广播电视信号。1969 年，阿帕网（ARPAnet）建立，成为今天互联网的雏形。阿帕网在设计之初主要是为了在军事和科学研究中进行数据传送，不涉及话音、视频的传输。可见，电信网、广电网和互联网在设计之初是用于各自特定的业务的，分别针对语音业务、视频业务和数据业务。

但经过相关技术的改造，“三网”的业务范围逐步扩大了。电信网早期只传输语音，但是随着 IP 技术的应用，电信网中无论是固网还是移动网络都可以通过 IP 技术进行数据信号的传送，再加上流媒体技术的成熟，电信网也可以向用户实时地进行音视频信号的传送；广电网早期只负责传送音视频信号，但是随着数字化技术的出现，数据、语音与普通的音视频信号已经没有区别，再加上有线电视网络双向改造的不断推进，广电网也可以进行语音、数据信号的双向传输；互联网早期是用来传送数据的，但是广播电视节目通过数字化后变成数字信号，通过 IP 协议可以将这些包含广播电视节目的数字信号放到互联网上变成数字媒体流，用户能够通过相应的软硬件来获取并播放节目。

由此可以看出，随着技术的融合，“三网”的业务逐渐出现交叉，这就导致“三网”在业务层面上的互相促进、互相融合。

（二）网络融合的成因

1. 网络技术进步是网络融合的先决条件

网络融合是网络技术不断向前发展的产物，这里包含两方面的内容：一是参与融合的网络本身就有成熟的技术，经过融合实现了强强联合；二是参与融合的网络通过技术改造具有融合的可能性。

“三网”在自身技术的不断完善过程中，在技术上也不断进行着相关改造，使“三网”融合具有良好的技术基础。广电网是一个单向传输的网络，无法实现信息的双向传送，通过广播电视网络的双向改造，可以完成信息的实时交互；电信网以前主要是传输实时语音，传输速率较低，通过宽带技术，特别是光纤通信技术的发展，信道带宽大幅提高，可以传送实时的音视频内容；互联网采用 IP 技术，以分组交换进行数据传送，随着 IP 技术的广泛应用，互联网也拓展了自身的业务范围。由此可见，“三网”都具有通过技术改造实现融合的技术条件。

综上所述，技术的发展是“三网”融合的基础和先决条件，其所涉及的技术主要包括数字化技术、宽带通信技术和 IP 互联技术。这三种技术的进步为“三网”融合提供了必要的支持条件，为“三网”融合的进行奠定了坚实的技术基础。

（1）数字化技术。数字化技术将原来分属于不同网络传输的语音、数据和图像都转变为“0”“1”符号，将“三网”中不同的业务都转化为统一数字化网络上的二进制数据流，突破了各个网络之间的业务壁垒。如此，二进制数据流就成为“三网”传输的统一符号，使“三网”所涉及的语音、数据和图像可以通过不同的网络进行传送，并通过用户自主选择的终端设备来进行信息内容的获取。

（2）宽带通信技术。宽带通信技术的发展大大提高了网络传输信道的带宽，特别是光纤通信技术的出现和发展，极大地提高了传输线路的传送能力，使语音、视频等多媒体内容可以进行实时的传送，可以满足原来“三网”中各种业务的数据传送需求。同时，由于光纤自身的优越特性，其传输的内容在质量上大幅提高，而消耗的成本却大幅降低。

（3）IP 互联技术。20 世纪 70 年代，TCP/IP 协议的出现让互联网得到了极大的发展。TCP/IP 协议的中文名称为“传输控制协议/网络互联协议”，其最大特点是，无论网络之间的结构如何，只要在通信时采用该协议，数据就可以在异构网络中进行畅通无阻的传送。这就突破了原来异构网络之间无法进行互联互通的壁垒，实现了大量异构网络的相互融合。基于这种特点，以 TCP/IP 协议为核心的 IP 互联技术也为“三网”融合奠定了坚实的基础，使各种基于 IP 技术的业务可以在不同的网络上实现资源共享、互联互通。

2. 巨大的商业利益是网络融合的引导条件

技术的进步让“三网”融合有了可能，但是要进行“三网”融合就需要进行大量的技术改造，需要投入大量的人力和物力资源，如果没有巨大的吸引力是很难使各产业实体主动推进“三网”融合的。

（1）互联网业务。互联网由于其覆盖范围广泛，加上具有实时性、交互性等优势，拥有了大量用户。同时，我国通信运营业的互联网业务也在稳步推进，围绕实施网络强国战略，推动网络提速降费，提升 5G 网络和宽带基础设施水平，积极推动移动互联网、IPTV 等新型信息服务的普及。

（2）IPTV 业务。自 1999 年英国 Video Networks 公司推出 IPTV 业务以来，国外的许多电信运营商相继进入了 IPTV 市场。当前部署 IPTV 业务的运营商集中在欧美地区以及亚太部分国家和地区。我国 IPTV 业务开展较晚，但在不长的时间内也取得了较快的发展。

（3）移动通信业务。新兴媒介所拥有的巨大潜在客户群意味着巨大的市场空间，这为网络融合提供了巨大的产业空间。其对各传媒企业具有巨大的吸引力，促动着它们积极寻求网络融合以获取更多的商业利益。

3. 激烈的行业竞争是网络融合的压力条件

随着传媒业的急速发展，信息传播活动对时效性、覆盖范围以及传播形式的多样性等方面都提出了更高的要求。在这种情况下，传统的传播媒介所面临的竞争越来越激烈。这种竞争的压力主要来自两个方面：

其一，传播产业内部竞争陷入停滞阶段带来的压力。传媒业的竞争首先来自行业内部的竞争，各传媒产业为了获得更多的市场份额，不断进行兼并，以获得更多的信息资源和受众资源，从而做大做强，以期在竞争中立于不败之地。但是，当竞争发展到一定程度，内部的竞争已经达到饱和，要进一步发展就需要向其他相关领域进行扩展。这就涉及与其他产业的交融，从而需要网络融合的支持。

其二，产业间竞争带来的压力。随着互联网、数字电视、IPTV、移动通信等新兴媒体的出现，广电网与电信网、互联网之间在经营业务方面出现越来越多的相互渗透，这意味着基于这些业务的竞争在“三网”之间会越来越激烈。新媒体所拥有的技术优势使它们获得了大量的受众关注度，特别是众多的年轻受众已经将他们获取信息的渠道由传统媒体转移到新媒体，如果传统媒体不与新媒体联合，必将丧失大量的受众；同样，新媒体在信息内容的占有方面比不上传统媒体，如不与传统媒体联合将使信息的真实性、权威性受到影响，从而失去大众的关注。因此，面对激烈的竞争，无论是传统媒体还是新媒体都迫切希望能通过互相连通，实现信息共享，从而在竞争中获得双赢。实现这种资源共享的先决条件就是实现彼此传播网。

4. 政策引导是网络融合的促进条件

网络融合的必要条件就是需要有一个成熟的网络，市场的诱惑和竞争的压力是传媒产业进行网络融合的主观动力，在这些条件具备的前提下，政策上是支持还是限制，管制上是宽松还是严格，就成为促进“三网”融合的关键因素。

广电系统拥有对视听节目的制作控制权、频道管理权、内容监管权等垄断性权力，牌照和许可证成了广电系统的经营资源；电信系统拥有网络建设与传输、通信设施的先天优势。为了保护两个行业的相关利益，各国都规定和限制两个行业的经营范围。

（三）网络融合的形态

1. 技术融合

以广电网、电信网和互联网为主的“三网”都有着自身的核心技术，在融合之前“三网”各自在技术上是完善的，但是要进行跨网络经营，向其他网络业务进行渗透，实现网络应用层面上的融合，就需要在现有技术的基础上进行相关的技术改造。

（1）广电网的改造。广电网在“三网”融合中所面临的最主要技术问题有两个：一是数字化问题，传统的广电网络主要是传输模拟的音视频内容，要进行数字化改造；二是传播方向的问题，传统的广电网络是一个单向传播网络，要进行双向改造。

一是进行数字化改造。数字化改造就是将现有模拟信号转化为数字信号播出，要求在接入网局端加装模数转换装置，并在用户端加装机顶盒（STB）进行信号调制输出。

二是进行双向改造。广电网是一个单向、实时、一点对多点的广播网络，所有用户共享一个公共信道，不存在交换技术，无法实现承载话音业务和数据业务所必需的双向互动。广电网络要实现“三网”的业务融合，就首先要进行双向改造。广电网络在构成上分为核心网和接入网，目前核心网本身具有双向传输的能力，所以所谓双向改造主要是对接入网的双向改造。

（2）电信网的改造。电信网络面对“三网”融合主要应进一步提高信道带宽，从而使其可以传输非语音类的多媒体音视频内容。电信网络的核心网目前基本已经实现光纤化，即核心网的带宽是足以承载相应的业务的，主要的瓶颈出现在接入网方面。随着电信网络的不断升级改造，目前已经有大量用户采用宽带接入，但是也还存在很多的窄带接入用户，如何对其进行改造是电信网进行“三网”融合的重要任务。主流的宽带接入技术主要有 xDSL、以太网接入技术、EPON/GE-PON´GPON 和 WiMAX。

（3）互联网的改造。“三网”融合中互联网主要需要解决数据实时传送的问题。互联网在设计之初主要是用来进行数据传输的，对传输的准确性要求较高，而对于数据传输的实时性要求较低。但是随着“三网”融合时代的到来，大量的多媒体数据要求在互联网上传送，特别是流媒体技术的广泛应用，对于数据实时传输的要求越来越高。过去互联网主要采用“尽力传送”的方式，这种方式面对需要传送的数据平均分配网络资源，无法适应实时数据所需的数据实时性和突发性要求，无法满足语音、视频等实时多媒体传送业务的要求。经过改造，互联网开始采用“实时传送”的方式，此种方式针对不同的业务，将网络资源按照业务的优先级进行分配，能够很好地解决数据实时传输和突发数据流的问题，为“三网”融合改造提供了坚实的技术基础。

总之，“三网”的技术融合主要体现在通过自身相应的技术改造，为“三网”之间业务的相互渗透提供可靠的技术保证，为“三网”在应用层面上的融合奠定基础。

2. 产业融合

在技术融合的基础上，“三网”原来各自的业务逐渐渗透，在应用上彼此交叉、逐渐融合。同时，随着相关政策的宽松化以及资本的推动，原先分属于“三网”各自对立的产业之间也逐步形成了融合之势。主要有以下三种情况：

（1）以全业务为基础的产业融合。“三网”融合使得“三网”各自的业务之间产生融合，这就形成了“全业务”的概念。所谓全业务，是指“三网”通过融合将原先各自的业务捆绑在一起，通过一个共同的传播渠道提供给广大用户，这种业务提供集语音、视频和数据于一体的全方位服务。在全业务的要求下，广电产业、电信产业和互联网产业纷纷进入彼此的市场。

（2）以资本并购为基础的产业融合。“三网”融合的另一表现形式就是通过资本市场的运作，使分属于“三网”的产业互相之间的资源进行整合，调整业务范围，扩大市场份额，以增强自身的竞争实力。在这种情况下，电信产业、广电产业、互联网产业通过资产重组和并购，实现技术、资本和市场的互动前进。

（3）以统一业务平台为基础的产业融合。随着“三网”融合的不断推进，居于新型传媒产业链中游的传播网络与上游的内容产业和下游的终端产业也在积极地进行融合。在这种情况下，传播网络成为联系内容和终端的平台。

三、终端融合

终端融合即“3C”融合，主要体现了硬件的产品端，包括电信（Communication）、计算机（Computer）和消费类电子产品（Consumer Electronic）的三合一。

（一）终端融合的成因

终端融合的形成条件与内容融合、网络融合一样，也需要在技术、市场、竞争等方面提供必要的条件，这些条件的具备是终端融合产生的前提。

1. 技术的支持

终端融合的技术基础是终端设备可以使受众方便地连通到各种信息网络，跨网络、跨平台地获取所需的内容和服务，选择任何一种网络连接就可以方便地享受“三网”提供的海量内容服务。其中，IP 技术和无线网络技术是最为核心的技术，它们使各终端设备可以实现无缝连接。

IP 技术利用 IP 层协议，在 TCP/IP 确立的网络层次结构中起核心作用。其一，终端网络采用无连接方式传递数据报，如此，上层应用不用关心低层数据传输的细节，可以提高数据传输的效率；其二，终端网络通过 IP 数据和 IP 地址将各种物理网络技术统一起来，达到屏蔽低层技术细节、向上提供一致性的目的，这样可以使物理网络的多样性对上层透明。早期的 IP 技术使原本互不连通的局域网络可以进行信息交换，使得 Internet 得到广泛普及，使 Internet 可以充分利用各种通信媒介，从而将全球范围内的计算机网络通过统一的 IP 协议连在一起。现在在网络融合的基础上，IP 技术进一步发展，可以承载更多种类的信息服务；各种接收终端只要使用 IP 技术进行通信，将使所有的终端设备彼此连通，实现信息通信和资源共享。

无线网络技术是对网络覆盖范围的一种延伸和补充。通过无线通信技术，各种终端设备之间摆脱了笨重的实体连接线路的束缚，真正做到了跨地域、跨时间地发送和接收信息数据，实现数据、资源的共享。无线网络技术所具有的这种灵活性、移动性，为受众提供了实时的、移动的、便捷的信息获取平台，可以保证受众随时随地以各自希望的方式来获取信息内容，实现最大范围、最大自由度的资源共享。

2. 市场的吸引

在新兴传播技术的支持下，信息内容从数量到形式都有了很大变化，面对新的传播环境，广大受众已经不满足于过去那种定时、定点获取信息的方式了。受众获取信息、接收信息服务，逐步由单媒体向多媒体、由固定接收向移动接收、由被动获取向主动互动等方式转变。终端设备是广大受众获取信息的工具，受众接收信息方式的变化势必影响到终端设备的变化，从而催生出巨大的市场需求。

（1）数字消费产业兴起。随着数字内容逐步取代模拟内容，广大受众越来越将关注点投向数字接收终端。我国的数字消费产业变得越来越成熟，形成了以网络内容、数字影音、动漫、移动数字内容为主体，数字教育、数字出版等行业协调发展的产业格局。数字化为生产厂商带来巨大的商业利润，从产业规模上来看，我国数字内容产业的总产值已处于世界前列，但从人均消费水平上来看，我国数字内容产业规模还将有较大的发展空间，甚至在未来一段时间部分子产业有望超过一些发达国家。

（2）多功能一体化移动终端成市场主流。以手机、MP3、平板电脑、电子书、数字彩电等为代表的多功能一体化数字终端设备以其特有的便捷性、灵巧性、多功能性和时尚性受到了广大受众的喜爱，逐渐成为终端市场的主流产品。

（3）以统一信息服务平台为终端的 IPTV 拥有巨大发展空间。IPTV 作为终端融合的代表，有着巨大的发展空间。IPTV 不仅是终端设备的融合，也是将广电网、电信网、互联网“三网”的各种服务集于一身的综合性信息内容服务平台。IPTV 将“三网”的信息内容和信息服务集中于一个平台之上，再通过单一的终端传送给广大用户，是一种崭新的信息服务模式。一方面，IPTV 简化了用户获取信息和服务的途径，降低了用户获取信息服务的成本，提高了用户进行信息交流的效率；另一方面，IPTV 的发展极大地带动了相关产业的发展，其为内容生产商提供了具有实时交互能力的信息发布平台，为网络运营商提供了统一的终端接收平台，为设备生产商提供了大量的终端设备消费市场，具有相当可观的商业价值。

3. 竞争的压力

（1）传媒产业介入终端生产竞争。随着媒介融合的发展，传媒产业链也有了根本的改变。内容产业使信息内容实现了规模化生产，“三网”的融合导致了信息传播渠道的统一化和多样化。面对这种改变，受众在信息的获取上具有更大的自主性，因此如何获得更多的受众关注度就成为传统媒体进一步发展所必须关注的问题。在新的传媒产业链中，传媒产业为了直接将生产的信息内容传播给广大受众，也开始逐步向终端生产领域渗透。

（2）各高新技术产业投入终端生产竞争。随着产业间竞争的加剧，全球的软硬件技术、电子技术等高新技术产业开始面临着原来领域的竞争基本饱和、难以进一步发展的局面，要想得到发展就亟须找到新的发展空间。

（3）终端融合使全球家电厂商展开新一轮竞争。随着数字技术的不断发展，人们对于各种终端设备的要求也逐步趋向于个性化、网络化、智能化和便捷化。传统的模拟家用终端产品逐渐被人们所抛弃，智能化家电越来越受到人们青睐。目前，这一趋势正成为全球家电产业的发展潮流，全球家电厂商将展开新一轮竞争。

（二）终端融合的形态

通过终端融合的定义可以看到，所谓终端融合，实际上包含两层含义：一是基于单一终端设备的功能的融合，二是以终端设备为平台的服务的融合。第一种含义主要是指在单一终端产品上不断增加其功能，以实现多功能一体化为目的；第二种含义则主要是指各种终端设备在公共的功能平台上实现互联互通，提供统一的服务。对于这两种终端融合，落实到终端生产企业上，其核心就是终端产品技术标准的融合。

1. 设备的融合

终端设备的融合主要是指将多种功能集中于同一个设备，这里有两种方式：一是硬件和技术上的融合；二是特定的内容和服务与特定的终端设备融合，从而产生含特定内容和服务的终端设备。前者是终端融合的初级形式，后者是终端融合的高级形式。

2. 标准的融合

无论是设备的融合还是服务的融合，要想最终实现终端的融合，其关键就是要制定一种新的标准来协调各个终端产品的互联互通。只有建立了统一的标准，产品之间才能互相兼容，互相联通，避免用户在选择终端产品时的重复购买，避免生产企业生产终端产品时的重复投资。对于终端生产产业来说，谁先掌握了标准的制定权，谁拥有了主导技术标准，谁就掌握了市场的主动权。

目前来看，无论是国内还是国外都没有实现标准的统一，还同时存在多个标准，这将严重阻碍终端融合的发展进程。

在国内，3C 融合技术领域存在两大标准联盟：一个是“闪联工作组”，另外一个是“e 家佳”联盟。国际上，由包括富士通、Gateway、惠普、英特尔、IBM、健伍、联想、松下、微软、NEC Custom Technica、诺基亚、三星、飞利浦、夏普、索尼及 Thomson 等 17 家业界领先的消费电子、计算机和移动设备公司发起的“数字家庭工作组”（DHWG），主要致力于简化网络消费电子、移动设备和个人电脑等设备间的数字内容共享，如数字音乐、数码照片和数字视频等的互联互通。

第二章　新闻传播功能与价值实现

第一节　新闻传播概述及其本质

一、新闻的定义及特征

（一）新闻的定义

1. 广义上的新闻

这是指以各种形式存在的、有新闻价值的（即真实、新鲜、传播对象需要）信息。

“各种形式”包括口头、书信、文件、微信或大众传媒等各种媒介；演讲、新闻发布会、新闻公报、时事评论、报道作品等各种形式；经过或未经公开传播。“汶川地震了!”这样的信息在第一时间发出时，不论是口头的还是书面的、短信的还是视频的，不论是通过手机、互联网还是广播电视，都是新闻。许多人不看报刊、不听广播、不看电视和新闻网站中的新闻，不是他们不要任何新闻，而是从其他渠道得到了获取成本（包括钱和时间精力）更低或令他们更感兴趣的新闻。

有新闻价值，就是信息中具有真实、新鲜、传播对象需要的素质。这是“新闻”的根本特征。

新闻是事实性信息，否则就可能是文艺作品、理论文章、心灵鸡汤，等等。不过，在定义中也可不提“事实性”。因为这里的“信息”指的是狭义上的信息；这里的“真实”已与事实相关联，即使观点真实、情感真实，也只是事实判断，即把有某种观点、情感作为一种事实，而不是认识判断或价值判断，不论其对错、好坏之类。

2. 狭义上的新闻

这是指大众媒介上以新闻样式存在的有新闻价值的信息，包括标题新闻、一句话新闻及其他各种报道，如常说的头版头条新闻、新闻写作、新闻奖等名词中的“新闻”。它们是广义新闻的一部分，但其传播对象不是少量、个别人，而是广大受众，因而其定义应该是：真实、新鲜、受众需要的信息。

此外，沿用至今的“报道说”定义中没有受众，这反映且加强了传者为中心的现实。在受众已有很大自主性和选择余地的移动传播时代，许多新闻传者只有两条路：活路——改变新闻观念，死路——被受众抛弃。

（二）新闻的特征

1. 新闻的真实性

真实是新闻存在的基本条件，也是新闻区别于其他文体的重要特征。新闻之所以获得广大受众的喜爱，起到说服和教育群众、影响和引导舆论、指导和推动工作、服务于各项社会事业和人民生活的重要作用，正是基于新闻最基本的原则和特征——真实性。

（1）新闻真实是具体真实与总体真实的统一。“具体真实”是指新闻报道对具体的客观事实做真实的反映。也就是说新闻报道中所报道的事实必须准确无误，新闻事实发生的时间、地点、人物，事件的原因、过程、结果，以及新闻中所用的数字、资料和细节描写，比如环境，人物的思想、语言、行为等都必须完全与实际情况相符合。“总体真实”是指在具体真实的基础上真实地反映客观事物的运动变化过程和客观事物的普遍联系，揭示客观事物相互联系和发展中存在的内部规律性。

新闻真实包含具体真实和总体真实的双重含义。客观事物具有相对静止的属性，因此客观事物之间才有了区别，才有了千千万万不同事物的具体形态，这种具体形态构成了一个个具体的客观事实。新闻在反映某个具体的事实时，必须做到完全真实，这就是新闻具体真实的含义，也是构成新闻总体真实的基础。但是，相对静止只是事物运动的一种特殊状态，运动才是物质的根本属性。如果新闻只停留在对事物处于相对静止状态的认识和反映，即停留在具体真实之上，而不是对客观事物运动发展全过程进行真实的反映，那么，这样的认识和反映就会落后于事物的发展，只会是时过境迁的“旧闻”。因此，新闻报道要真实地反映客观事物的运动变化过程，这是新闻总体真实第一个层面上的含义。此外，由于客观事物之间存在着普遍的联系，正如辩证唯物主义所揭示的那样，联系无处不在、无时不在。因此，为了更全面、更准确地报道新闻事件，新闻工作者要真实地反映客观事物的普遍联系，揭示客观事物相互联系中所存在的内部规律，这是新闻总体真实第二个层面上的含义。

在新闻的具体真实与总体真实之间，具体真实是新闻真实性的最低要求，总体真实是新闻真实性的较高要求；具体真实对总体真实起保障和制约作用，总体真实对具体真实起升华和指导作用。在互联网时代，每天传播的新闻信息车载斗量，有意无意传播虚假信息非只一二例，有些报道还造成了严重的社会恶果。因此，新闻报道不仅要确保具体新闻事件本身的真实，还要保证新闻报道符合事实整体的发展情况，符合整个社会的发展趋势。

（2）新闻真实是微观真实和宏观真实的统一。对单篇新闻作品来说，不仅要确保个别事实的准确无误，做到具体真实，还要求在事实的总体和相互联系上也符合客观实际，力求总体真实。对新闻媒体来说，首先要做到每篇新闻真实可信，但每篇新闻真实未必等于真实地反映了整个现实世界。所以还必须对实际情况做全面、客观的正确估计，通过控制报道量和连续报道等方式，做到宏观真实。

社会是一个整体的社会，新闻报道的基本任务之一就是要通过报道新闻，将社会的整体画面呈现在人们眼前，使人们认识社会、了解社会。新闻报道对事物进行客观真实的报道，是符合真实性原则的，但是如果单篇新闻报道仅仅从事物的某一方面进行报道，则难免忽略了其他方面，这样就在微观上属实而在宏观上失真。新闻报道的真实性应该是微观真实与宏观真实的辩证统一。如果新闻报道忽视生活的主流，过多地展示那些非主流的微观真实，则会掩盖甚至歪曲宏观真实。

（3）新闻真实是现象真实与本质真实的统一。现象是事物的外部联系和表面特征，能被直接感知。现象反映的是事物的个别性的范畴。本质则是事物的根本性质，是构成事物各要素之间的内在联系，它反映事物的一般性或普遍性的范畴。本质总要通过现象表现出来。人们只有通过对大量现象的分析研究才能发现和揭示事物的本质。新闻事实也是一样，要防止个别假象掩盖本质真实。现象包括真相和假象两种。真相能从一个方面体现事物的本质，而假象则是本质在特定条件下的一种虚假表现。

（4）新闻真实是事件真实与表述真实的统一。新闻是关于事实的报道，这就存在如何表述的问题。报什么、不报什么，报多报少，什么时候报，以何种方式、从哪个角度报，怎样表述，体现什么意图，都有讲究，具有强烈的阶级性、政治性和主观倾向性。新闻的倾向性就体现在事件表述之中，有时表现隐蔽，有时表现直接。

2. 新闻的时限性

“真实”是新闻的第一生命，而“时限”则是新闻的第二生命，并构成新闻的重要特征。

所谓新闻的时限性，是指新闻事实的发生或发现与新闻报道之同的时间差，它构成新闻事实传播的价值限度。新闻报道超过这一限度，新闻事实将变得陈旧，失去应有的社会意义。新闻学者徐宝璜早在1919年就提出：“新闻如鲜鱼，登载稍迟其价值不失亦损。”①

新闻要反映新的事实、新的情况、新的形势，即使是非事件性新闻，也要反映新经验、新人物、新动向、新变化、新问题。可以说，“新鲜”是新闻事实的基本特征，是新闻报道区别于其他宣传内容的标志。要做到新闻事实的新鲜，必须在事实发生后于新鲜保

---

① 徐宝璜. 新闻学［M］. 北京：中国人民大学出版社，1994：25.

质期内，以最快的速度把新闻事实传播出去。

但是，新闻报道还要做到准确无误，其中就包括对新闻事实发生的时间作准确说明，并注明事实发生的具体时间，按照事实特有的时空界限把握其变化。从社会角度分析，时间是个社会范畴，几乎所有的人，都对时间刻度、时间长度和时间顺延性具有共同的感受。因为时间不仅是自然的产物，也是人类社会的集体意识。人们长期用标志、符号、仪式活动来认识时间，时间也以这些形式把社会构成一个连贯的整体，形成特定的社会节奏。新闻报道在有限的时限内，用特定的时间注明新闻事实发生的空间，使人们同时感到社会事件的内在联系，以及如何理解这一事件。新闻标明新闻事实的时间刻度越精确，越容易表现新闻在社会时间与空间共同限定中的具体位置，由此甚至可以推断新闻发生甚至于发展的必然性。新闻反映新的事实要做到快速且准确无误，新闻的时限性是必须遵循的铁律，具体来说，应该注意到以下问题：

（1）时间具有无限性和有限性。任何一个社会事件或典型事物，都是无限时间中所发生、发展的一幕。新闻传播者对新闻事实的选择与加工要在无限时间的长河中寻找有限时间。面对社会变动，记者应当考虑所采访的事件是从何时开端，又延续了多长时间，是否到了一定时间的终点。所以，新闻报道者的活动应当在时间无限延伸的轴线上找到一个时间变量，截取有限时间来表明所报道内容的时量。这个时量，如果能够准确地显露出事物的长短，就会使新闻具有明确的空间性。

（2）时间具有不可逆转性。时间始终在刻板地、机械地、冷酷地向前流动，其先后次序是个永久性序列。新闻事实按照时间的不可逆性发生、发展、变化，新闻事实中具体事项的一瞬即逝且不可逆转，即新闻事实在时间的走向性中被限定，而时间的走向性又决定了事态的发展总是从过去经过现在，并走向未来。新闻事实的选择只有按照这一顺序，才能再现客观事实的真相。

（3）时间具有间断性。时间的间断性是人们所领悟到的一种特殊的时界感，也是指事物运动的相对间隔。时间的间断性是以时刻体现出来的。新闻不仅要注明何年何月何日何时，而且也要告诉人们新闻事实的渐进或结束又是何年何月何日何时。

如此看来，决定新闻时限的内核，是事实本身在历史的长河中保持新质的时间长度，也即事实由新变旧的短暂过程。在“新”消失之前就报道该类事实，足以使新闻具有特定的吸引力；时限一过，吸引力便不复存在。所以，人们常说新闻是“易碎品”，新闻记者应该“抓活鱼”等，都比较确切地注意到了新闻的时限性特征。随着时间的顺时绵延，新闻中所揭示的事实从“新”转化为“旧”，只有用更新的东西代替它才能具有新闻的含义。新闻的总体是常新的，而就每则具体的新闻来说，则是易逝的，但正因为个体新闻的易逝，才有了总体新闻的常新。同时，新闻媒介只有不断以新代陈，才能使新闻报道永葆

“青春”活力。

3. 新闻的倾向性

在一般情况下，新闻都或多或少地表现出一定的倾向性。所谓倾向性是指新闻传播者通过对新闻事实的报道与评论显现出来的思想倾向。同一个新闻事实被不同新闻媒介所报道，它的内容及表现方式总有许多不同与差异，这是新闻具有倾向性的最常见的例子。

新闻是由具体的新闻记者、新闻编辑经过采访、选择、写作和加工而传播的。每个传播者不可能不带有自己的理解和态度甚至是立场来报道或评论具体的新闻事实。自然界和人类社会每时每刻发生和变化着多种事实，对抱有不同思想信仰和情趣的人来说，对此会有完全不同的反应或评价。各种事实被新闻传播者采访、选择并制作成新闻之后，就自然披上了一定的主观色彩。有时候，新闻传播者甚至会利用新闻的“客观、公正、平衡”的外形，将一定的主观倾向巧妙地掩饰起来。

美国哥伦比亚大学教授梅尔文·门彻在《新闻报道与写作》一书中说，“虽然记者希望就新闻作出的决定是客观的、非个人化的，但天量新闻仍然建立在选择的基础上，而选择是一件相当个人化的事情。选择源于记者的专业背景，他或她所受的教育，及来自家庭、朋友、同事的无形影响。当我们在新闻的决定因素中寻找绝对因素时，更让人难以捉摸的是：这些决定来源于野心和良心相互争斗的竞技场。”①

这里所说的“争斗”，是指不同立场的记者个人之间思想的对立和较量。每个记者都有自己的思想追求，同时又和社会的各种思想遥相呼应，所以，拥有不同立场的记者所反映的观点就很难做到完全相同，他们对同一件事实的选择和评价，都会将自己独有的愿望注入新闻报道。在通常情况下，新闻的倾向性主要表现为政治倾向性、指导倾向性和趣味倾向性。就一般情况而言，政治新闻具有政治倾向，重要的经济新闻和社会新闻又不断发挥指导性作用，而大多数知识性、娱乐性新闻也具有趣味性动机。

4. 新闻的公开性

新闻的公开性有两层含义：一是指新闻信息的内容是可以公开的；二是指新闻信息应该以公开的方式传播给公众。

新闻信息的内容可以公开，是指它非个人隐私，非国家机构的情报、机密，必须面向尽可能多的广大受众，以求实现尽可能充分的信息共享。一则新闻传播的范围越广，受众人数越多，它本身所能发挥的作用也就越大。

新闻是一种报章文体，报纸、广播、电视等大众传媒都属于社会的公共领域、公共空间，所以它是引导读者获得公众身份的一个载体，只有把新闻公开，才可能带来公众对公

---

① ［美］梅尔文·门彻. 新闻报道与写作［M］. 展江，译. 北京：华夏出版社，2003：97.

共事务的参与、讨论与监督。

（三）新闻要素及类别

1. 新闻要素

新闻要素指新闻事实的主要构成因素。作为新闻构成的基本成分，又称新闻五要素或五个“W”。在新闻报道历史上，新闻要素是在19世纪80年代由西方新闻界首先提出的，一般包括何时（When）、何地（Where）、何人（Who）、何事（What）、何故（Why），这五个要素的英文开头字母都是W，故通称五个“W”，即所谓“新闻五要素”。后来增加了一个要素，即如何（How）。1898年，美联社主编M. E. 斯通提出，新闻中要回答五个W和一个H，即How（如何），用英文字头简称“5W1H”，由此又有新闻六要素之说。1913年，由广学会翻译出版美国新闻学家休曼所著《实用新闻学》，其中所提及的新闻五要素随即被介绍到我国。

新闻要素也被视为新闻的重点记叙要素：时间、地点、人物、事件的起因、经过、结果。

“新闻五要素”或“新闻六要素”说法的出现，也是电信新技术应用于新闻信息传播的结果。由于当时电信技术应用还在不断完善，新闻编辑部不得不指令新闻记者把五个“W”或五个“W”和一个“H”写进新闻的第一段，即新闻导语中。如果电文在发出和接收过程中出现故障，只要收到电讯的第一段就等于收到一条新闻的大意。延续到后来，新闻要素逐步演变成新闻写作的重要原则。

新闻要素在新闻实践中意义重大。在新闻信息的采集阶段，因新闻要素高度概括了新闻事实、事态、事件本身存在的客观联系，对新闻记者在新闻采访中迅速收集到有效的信息有现实的指导意义。

在新闻信息的加工阶段，新闻要素是记者写导语的核心素材。导语是以简练而准确的文字介绍或陈述新闻事实中最重要的内容，揭示消息的主题并能引起接受者“阅读”兴趣的开头部分。在新闻导语中对新闻要素的有序使用和有机陈列，既显示记者对新闻事实的全方位把握，同时，也是其新闻写作水平高下的界标。

在新闻信息接收阶段，新闻接受者通过对新闻六要素的把握，可以迅速地了解新闻事实的主要内容。尤其是对于每天接触海量信息的现代人，快速筛选有用信息，提高新闻接受效率，无疑是有帮助的。

需要说明的是，在对新闻要素进行分析的过程中，判断哪个要素最为关键并无固定和绝对的标准。在一般情况下，新闻要素中的重要项既与新闻传播者和接受者对新闻事实的认识有关，也与各个新闻要素的信息含量多寡或价值大小有关。

2. 新闻类别

新闻类别指对新闻报道按照一定的标准所进行的分类，因为分类标准不同，新闻类别也有不同的划分结果：

（1）以新闻内容进行分类，可以将新闻报道分为时政新闻、经济新闻、科教文卫新闻、法制新闻、社会新闻、民生新闻、娱乐新闻、体育新闻、军事新闻等。

（2）以新闻事实发生的地域和范围分类，可以将新闻报道分为国际新闻、国内新闻，或国际新闻、全国新闻、地方新闻。

（3）以新闻事实发生与发现的时间性分类，可以分为突发性新闻和延缓性新闻。所谓突发性新闻是对出乎人们预料而突然爆发的事件的报道，如地震、海啸、空难、火灾等无法预估的自然灾害；突发的战争及政局变动等。延缓性新闻是对逐步发生或发现变化的新闻事实或可预测的新闻事实的报道，如气候渐渐变暖、经济走势日趋平稳等。

（4）以新闻事实自身的特点分类，可将新闻报道分为事件性新闻与非事件性新闻，单一性新闻与综合性新闻，动态性新闻与静态性新闻等。

（5）以新闻传播的手段分类，可以分为口头新闻、文字新闻、广播新闻、电视新闻、网络新闻等。

（6）以新闻报道的内容与受众的关系分类，可以分为硬新闻与软新闻。所谓硬新闻，是指密切关系到国计民生以及人们切身利益的新闻，包括国家重大方针政策、重大经济活动、疾病流行、重大灾害事故等，这类新闻为人们的政治、经济、文化工作，以及日常生活的决策提供现实依据，有较强的实效性要求；所谓软新闻，是指富有人情味、知识性、趣味性的新闻，这类新闻与人们的切身利益并无直接关联，主要向受众提供娱乐性信息，使其增长见识、开阔眼界、娱乐身心、陶冶情操等，或作为茶余饭后的谈资，并不特别讲求实效性。衡量硬新闻与软新闻的主要标准在于，新闻事实的重要性及其所要求新闻报道的时效性。

二、新闻传播的概念

传播是信息的存在方式——信息在时间和空间中的移动与变化。

传播学中的“传播”一词来源于英语的“communication”，既有传达、传染的意思，又有双向或多向的交流、交往、通信、交通的含义；既可以是点对面的，又可以是点对点的。而汉语中通常所说的传播，则只是从点到面、由传者向众多受者的单向扩散。

因此，“communication”包含接收、反馈问题。如“传播自由”包含接收自由、申辩自由、反批评自由问题。而汉语“传播”一词在习惯性使用中的单向含义，则容易令人联想到宣传，容易令人忽略接收、反馈、交流问题。这是新闻工作和管理中的常见病，也给普及传播知识、提高人们的媒介素养多了一道障碍。

然而语言是约定俗成的，现在“communication”已翻译成“传播”并广为接受，只有在需要更精确时，才使用“传播交流”。

广义上的新闻传播包括口头、书信等所有传播媒介上的传播，而狭义上的新闻传播，即通常所说的新闻传播，则仅指大众媒介上的传播。

这里的“大众”指的是广大公众，不是与精英人群、专业人士等概念相对应的普通大众。“大众”的“大”也是个相对的概念，现在随着大众媒介的增多，其传播对象出现了分群化或者说“小众化”的趋势。但相对于人际传播、群体传播、组织传播的对象而言，这种“小众”仍属于大众。

三、新闻传播的本质

（一）新闻的事象

新闻的事象是构成新闻事实的复合、运动和可感性因素，即每一个最小时间单位都会出现事实，包括记者所能感觉到和描写的事实，可以被记者看到和描写。

首先，事象是构成事实的自然因素，事实一旦出现和存在，就表现为多个事象的复合系统。任何一件事情都可能不是一个截然无缘的单因象，而是多因象相互组合的一种。事实因象是由各种自然因果相互关系所直接产生的各种迹象，构成了一个事物内在运动处于时空的一种连续性，能够被新闻记者们所感觉和具体描写。事实独立于记者头脑之外，发现了它只是发现了它的存在，而它的存在则是一种时空转换的撮合。

其次，事象和事实的本质可能是分离的。事象是事实的外在部分，可被记者感受到有的事象可能从某一特定联系方面表现本质，有的则不能代表本质。对于记者而言，则是更准确地去感受事实的本质，即不被事象所惑，而能够透过现象看本质。通过对事物与现象的多维观察来接近事实本质。

认识与把握事实具有重要意义：第一，任何新闻都应通过大量的事象来再现现实，将事情分解成现实。可使新闻立足于完整的或主要的事实，但又不至于片面地抓住一点而放弃事实的全局感。第二，对事实中的一些事物进行鉴别，可以分辨哪些事物价值较大或更多地认识到新闻中的关键环节，并能够对主要事物进行挖掘性的报道，从而找到新闻中的真正意义。第三，对于若干事象，记者在建设新闻时，首要是对新闻框架背景整体把握，然后围绕主要事象进行事实组构。第四，则是对这些事象协调地排列、组成有价值的事象，使事实的各部分和谐地呈现出来。

（二）新闻的事态

新闻事态指的是新闻中的事实和现象之间的关系，表现出各种事实之间的联系，包括了各种事实之间的状态和动向，形成了以人为核心的事实链。

新闻事件是由物态和事态共同组成的。

第一，事物包含了一种物态。在事情关系中，经常出现一些附加组分，即某种物体是人和一个组织使用的，这些物体是事实上的物态，包括日用品、生产工具、武器、食物、建筑或某些自然物，可以说，这些物体正是新闻事件的承载者，一定的新闻事态一定是依附于物态之上的，借物态来表达与传递出来。

第二，事态和物态时时发生“用”和“被用”的关系，构成活生生的事实的现象链。事态与物态是不可分离的，任何新闻都是有机地结合在一起的。就人们而言，新闻里的人多是穿着衣服做事，只有与某些东西交流的人，才能形成一个完整的局面。这种纽带和它们的变化，形成了新闻的外部结构。

第三，事物与物态之间的关系并非单纯耦合，而是必然和偶然的统一。新闻中的大量事态反映出了事实发展的必然性。记者正是由此认识事实的趋向和本质，判断事实的意义。记者常常只见人不见物，或只见物不见人，使物态与事态处于离散状态。新闻中的每一现象都是事实本质的某个侧面，记者采访得到的事实大都是片面的、表面的、局部的，更是多变的和易逝的。从事态与物态的总体来说，事象比本质丰富、生动；本质比事象深刻、稳定。好新闻摄录的事实应当反映这两个方面，再现事实的全面联系。

第四，仅有事态构不成新闻实体，它和物态有机结合，形成新闻的外在形体。记者要再现事实的本质，必须把握事态间这种内在的特殊形式，判断事实的知悉意义。任何新闻都必须通过某些事物来表现，而任何一种事物都是在某种特定的联系上表现本质，新闻结构具有这种联系才能发生影响。所以，新闻事实揭示的内在联系，让受阅者认识事件的必然性与作用，表现为事象与本质的统一。记者面对事象和本质之间的关系，不能只看一面，不顾另一面。如果只看二者的统一而不注意是否存在对立，就会否认深入采访的必要性；如果只看到它们对立而不重视其统一的一面，就会否认透过事象认识事实本质的可能性，采访就会陷入盲目。

（三）事实与新闻的要素

1. 事实

（1）新闻实情确定。事实就是客观存在的事物、事件或现象，通俗而言是指事情的实际状况，包括原始事实、经验性事实、史前的事实和现在的事实。对新闻报道来说，包括新闻的事实和普通的事实（不包括非新闻的事实）。

（2）事实的特征。首先，事实不是抽象的符号，而是可视可闻的现象，因此可被人们感知和描述。可感是事实的重要特征，古语云“眼见为实”，也强调了事实的这种可感性。其次，事实的客观存在是事实的根本属性，事实是一种客观存在，而不是先验于人们头脑中的主观体验，具有普遍、绝对和永恒的意义。此外，事实一般是可以认知的，具有可陈述性。不可认知、不可陈述的事象我们一般不称为事实，事实一定是人们对于可认知、可陈述的信息的一种描述，在某种意义上具有确定性。再次，事实是变化的，世界上不存在静止的事实。事实的因果关系和各种事实相互存在的前提，构成了事实之间的内部联系；事实与物态之间的关系，以及其变化过程，构成了事实与外部的联系。最后，事实之间的内部联系显示了事实之间的本质，而事实之外的联系则显示了事实。事实上，社会是细胞。自然界由物质组成，人类社会是实际存在的。事实发生与发展是社会普遍存在的，每一个人都会有事实地再现出社会动态，它们互生与更新地表现出社会发展的状态。

（3）事实对于记者的制约。事实对于记者的制约表现在多方面：首先，事实具有独立性。事实独立于记者头脑之外，记者发现了它只是发现了它的存在，没有新近发生于某地的事件，就没有关于这一事实的新闻。在记者发现它之前，它以客观事实的形态存在，记者发现它并加以报道后成为新闻事实。其次，事实不以记者的主观认识为转移，记者不按事实的客观存在反映它，就无法正确地反映世界。事实是一种客观存在，记者如果想探寻外部世界的真理，就要准确地发掘客观存在，描述这种客观存在，并按照客观存在进行其本质的探究。从这个意义上而言，事实实际上制约了记者的主观想象，客观新闻报道原则则是在这一前提下展开的。最后，事实有外部联系和内在联系，不探求事实的内在联系就无法反映事实的本质。记者要在实践中认真地观察、采访才能发现和认识事实；记者捕捉事实的主要环节，抓取最能反映事实本质的事象，才能把事实的真实情况再现出来。

2. 新闻的要素

新闻要素是构成新闻事实的重要因素，即事件存在性的要素，可归纳为事件（谁）的主体性（什么时候、何地）和事件的结局（什么时候）和什么事件的原因。

新闻要素之间的关系：新闻通过新闻事实的要素再现新闻事实的基本框架，构成每个要素的内容都是事件的细小部分，它们把新闻事件完整地展示出来。

新闻的主导要素可以是人，也可以是物，回答“谁”或“什么”的问题。

事件是事件主体之间相互联系和作用的状态，通常表现在时空因素“何时”“何地”，表现为主体与环境之间的相互影响和事实矛盾。最后显露出“怎么样”这个结局要素。

“为什么”要素是新闻事实的本质。记者掌握了主体行为的归宿和事物的最后走向，有可能或需要的话，还要揭示事实的因果关系，写出“为什么”的要素展示事实的内在联系，即展示事实的本质。

（四）新闻事实的类型与结构

1. 一般事实与新闻事实

一般的事实就是没有了解功能，在自然和人类的社会里，每一件事都处于自然状态、为人所知。一般的事实具有以下特点：一般的事实发生具有必然性，是客观世界规则的直接反映或间接反映，大多具有雷同性；每个一般事实在什么时候、什么地方发生都难以预料，具有不期而遇的偶然性；一般事实大量重复出现，是常见的，不会引起人们的注意，因此，一般事实大都被舍弃在新闻之外；一般事实无穷无尽、每时每刻都在发生和消亡，随着时间的推移，新事实和旧事实不断交替，构成世界变化的序列。

但一般事实对于新闻报道而言却具有重要作用：首先，一般事实可能成为奇异、重大事实的先导或延续，注意跟踪和观察它有可能最先发现奇异或重大事实。而有些一般事实对奇异、重大事实具有引导和铺垫作用，记者选择、加工新闻事实时，大部分一般事实都要被舍齐，但也有少许的一般事实成为新闻的材料。其次，记者确定重要和奇异事实时是同一般事实比较而言的，较多并反复出现的事实可以肯定为一般事实，罕见的、偶尔出现的事实是对记者有价值的事实。

新闻事实是由记者挑选出来的、具有知晓意义的事实，其中包括时代、现代和未来的事实，具有客观、真实和片段性。新闻事实的特点如下：首先，新闻事实有“未知性”的特点，新闻事实是指真正的现象，事件是实际存在的，但必须是大多数人不知道的事实，一旦被大多数人所知道，就不会再是新闻事实了。其次，新闻事实必须具备“满足人类的知晓需求”的特点，新闻事实也必须为人们提供知道的需要，“从未发生过”是判断该需求的重要标准，因此，新闻事实与一般的事实相比，是罕见的、少得多，需要记者到处寻找或识别。这一点对于信息过剩时代的新闻事实选择尤其重要，新闻是那些能满足受众知悉愿望且有意义的事实的集合，而不是无意义、琐碎信息的汇集。最后，新闻事实和一般事实往往混杂在一起，是由一般事实变动而来的，它本身也包含一些没有知晓价值的细节或多余情况。一般事实当遭遇特定情境或者遇到特殊变化时，也可能成长为新闻事实而进入到记者的视野中来，新闻报道就是不断甄别一般事实，不断地从一般事实中找到有可能成为新闻事实的元素。从一般事实中发现新闻事实，就要求记者要贴近生活、深入社会，到实践中了解各行各业的活动，越是有冲突的地方、变化较多的地方、人们议论纷纷的地方，就越容易出现新闻事实。记者还要不放弃外界提供的任何新闻线索，要在与一般事实的比较中确定新闻事实。此外，最为重要的一点即是要用受众的眼光衡量事实是否能够满足他们需要，受众感兴趣、受众特别关注的事实，就有可能是新闻事实。

2. 短促事实与连续性事实

短促时间事实通常指的也就是在极短暂的时间内，事件不再正常发生的一种现实。建构这类新闻也有很多方式，但把事实要素一次性都写出来，线索单一，就能构成反映世界的一个孤立的图式。

连续事实指的是继续向成熟发展的事件，在这个过程中，每一条新闻都只是在截取一段新事件。

3. 硬事实与软事实

硬事实是指新闻中时间界限明确、不可任意变化的事实，也称为固态事实。包括人物、地点、时间、数据、服饰风格、色彩等在内的新闻框架建设，是构筑新闻体系的基础材料。硬事实的特点如下：①作为新闻中的刚性事态，硬事实是新闻的刚性事态，时空观念和事实因素缺乏弹性，必须准确无误。②新闻记者不会有任何改变事物的余地，否则就会报道失实。③硬事实不存在混沌的形式，记者识别与再现很容易达到一致，大体上都是用相同的语句表现出来。④反映硬事实容易做到准确，甚至达到相当的精确度。⑤一则新闻可以没有软事实，但不可缺少硬事实。

软事实是新闻中很难确定具体的时空界限，表达情绪或意态的现实。情态实际上是事实的声息，通常表现在现场的气氛中和人们对情感的反应；意态事实是新闻议论的一部分，它阐释了事实的特性、意义和功能，揭示了记者对事实的评估。软事实仍是客观事实，不允许记者以主观的杜撰为依据。

软事实的特点如下：

第一，软事实通常比较模糊，更含蓄，可以多写或少写，也可以不写。记者对软事实的陈述具有可变性。

第二，对事实的情态和意态有不同的表达方式，记者只要忠于已经发生的事实，可用不同语言再现这种事实。因为有了软事实，记者在重构这个世界时会表现出不同的角度与描述风格。软事实也是决定新闻报道风格多样性的重要因素。

第三，软事实的广延性可以浓缩，也可以伸展，还可进行一定程度的渲染。在新闻娱乐化时代，软事实被媒体强调，注重细节、画面感和质感。

第二节　新闻传播的结构与功能

一、新闻传播的结构

（一）新闻的形态

新闻的形态是指新闻中的事态、意态及其表现形式的总和，又称新闻的实体。事态与物态的聚合，形成新闻的外在结构，使受众获得感性的外部世界；新闻的意态是指新闻所蕴含的思想，表明事物发展的趋势。新闻的意态是多维的，包含事实的倾向、品类和角度。

一般而言，新闻的实体主要有两种格式：标准的新闻与非标准的新闻。标准的新闻，即消息、通讯，是一桩或几桩事实的有机展示，给人们提供秩序井然的具体事件。非标准新闻没有本报讯或电头，没有导语，叙述事实缺少严谨的结构，各种事实服务于一个主题而随机地展开。事实与分析纵横交错，以表达新闻的意义为主线，例如深度报道、新闻访谈等。

新闻形态构成的模式如下：

第一，最近点投射主题的模式。不管哪种新闻，新闻实体都表现为记者对事实主题的揭示，陈述要以最近时间的事实为起点，再现事实的发展。

第二，材料堆积模式。这种模式揭示主题主要靠材料的对比，在新闻中收集丰富的材料围绕主题展开，用大量事实客观地显现主题。

第三，话语模式。新闻选择重点事实，陈述时多用关键的话语突出事态的特征，“点破”主题。

第四，展示事实过程的线性模式。重视事实的发展进程，由时空某一点展开事实的演变线索，逐一揭示事实的内在联系——事实的现象和本质的关系、事态生成的因果与前提或条件。

（二）新闻的建构方式

新闻的建构是指记者协调地排列、组构每个事象和事实，使新闻获得一种实体并显露一定的意义，再现新闻的内在联系和外部结构。新闻的建构适合人们认识事实的习惯，就是一种最佳的报道框架。笔者把新闻的建构概括为以下四个步骤：

第一，确定选择事实的出发点。新闻建构的起点是客观存在的新闻要素，即没有事实做基础，新闻建构就无从谈起。

第二，新闻的基础建构。在确定了选择事实的出发点之后，新闻建构则面临着如何将新闻要素有机组合在一起，按照表现客观事实的需要合理排列新闻事实的“五个 W”或“六个 W”，清晰地揭示新闻事件发展的脉络。

第三，安排新闻的结构。构建新闻还需合理安排新闻的基本成分，新闻一般由标题、导语、主体、背景和结语组成，需要把这些部分和谐地衔接起来。

第四，不同事实类型的组构。构建新闻要注意有价值的一般事实和新闻事实的穿插，硬事实与软事实的联结，将软事实自然、圆熟地嵌入硬事实中，构成一篇富有生机的报道，是新闻建构完美的重要标志。

（三）新闻建构的意义传达

新闻建构是基于一系列新闻事实的基础之上的，其目的是形成新闻的意义，意义是影响人们观点的原发动力。新闻建构中的意义传达是通过新闻角度的选择、新闻倾向的表达而逐渐建立的。

新闻的角度是指新闻事实中由一个或几个事象构成的某种意义的特征，包括主要角度和次要角度，每个角度都是事实某一方面特质的表现。

新闻的倾向主要是指新闻记者及媒介机构的新闻立场。

新闻的意义指新闻事实蕴含的思想，多表明客观事实的趋势，包括媒体表露的倾向、记者对事实的评价以及记者突出事件利害的动机。新闻意义的形成是通过对事实的选择与组构而实现的。

（四）趋势性事件与构建世界

人类生活的媒介世界大多数是由趋势性事件而非偶然性事件构成的，趋势性事件使得人们对世界的观察有连续性，能获得整体性印象。趋势性事件指记者建构新闻、反映客观世界必然出现的事件。趋势性事件又分为主导趋势性事件和次要趋势性事件。在新闻学范畴中，趋势性事件与非趋势性事件或称偶然事件，是相对的两个概念。

也许我们可以按照新闻传播内容划分出三种形态：第一种是事实传播，或者更专业地叫事件传播，只传播事实，不带观点，强调客观；第二种是观点传播，往往是采访有观点的人；第三种是话题传播，通常是针对人们议论纷纷的事情而进行的一种背景式传播，经常有粉丝基础。

从中文字面上看，事实至少有两层意思：一是材料和案例；二是有反驳意向的叙述。换言之，前者是不会说话的死材料，后者是会说话的表述。所谓摆事实，讲道理，事实胜于雄辩，多是建立在第二种事实的基础上。

二、新闻传播的功能

（一）组织层面上的功能系统

1. 报道功能

报道不断变化的情况，是新闻传播的主要功能，也是人类了解环境、适应环境、改造环境，以满足需求、实现目的的最重要的手段之一。没有新闻报道，社会生活本身是不可想象的。在大众传播的载体和科技发明中，不论是文字还是纸张，也不论是电报、电话、无线通讯还是广播、电视、卫星、电脑……无一不被迅速地用于新闻传播，以满足受众对新闻的不断增长的饥饿感。可以说，运用最先进的设备和技术，最迅速、准确地报道新闻，已经成了传播世界中压倒一切的头等大事。但是，新闻传播并不限于报道新近发生或刚刚发生或正在发生的社会事实，也可以报道早就发生的但又不为人们所知晓的有意义的历史事实，还可以预先报道某些即将到来的喜讯、危险或变化。问题的关键在于，报道的信息应该是客观的、全面的、真实可信的，而不应该弄虚作假、人为捏造，即要符合新闻传播的真实性原则。

2. 表达功能

表达功能也许算得上是新闻传播媒介给自己提出的适应信息社会受众需要的一项新的功能。表达，就是让人们通过新闻传播媒介公开地交流、陈述自己的思想或观点。作为新闻传播者，其不仅应该客观地报道周围世界所发生的各种变化，而且还应该对自己所报道的重大事件表达自己的态度和观点；同时，其还有责任将人民群众的愿望、要求和痛苦的真实情况通过适当的传播方式表达出来，以引起有关方面的重视，使问题得到解决。作为受传者的广大公众，他们也同样具有利用大众传播媒介或通过大众传播媒介（以及其他媒介）表明自己意见、思想的权利。总之，新闻传播媒介无论是报道社会上的观点，还是表达自己的见解，还是直接发表公众的意见，都是正常的。

3. 解释功能

所谓解释，就是在全面了解情况的基础上对有关事物进行分析、说明。报道和表达常常是表面的浅层的和陈述性的，而解释则是内面的深层的和说明性的。就社会事件的反映而言，报道着重提供事实，回答何人在何时、何地发生了何事，结果怎样？而解释则着重分析事实，回答这一事件为什么会在此时此地和此人身上发生？以及还可能向哪个方向发展。例如，解释性新闻、调查性新闻和深度报道、热点透视、社会焦点等，就都是以解释为主的。就社会言论的陈述来说，表达只是说出对某一社会问题或社会现象的态度和看法，而解释则要对此作进一步的分析和解剖，以论述和阐明持这一态度和主张的原因、理由和目的。解释的目的，是向受众指出某一重大社会事件在所有事件中的地位及前因后果，阐明某一重要的社会意见在相关意见中的优越性，以帮助受众明辨是非，认清形势，确立观点，寻找对策。

4. 指导功能

指导功能是指新闻传播媒介通过报道消息、表达观点、解释缘由、公开劝服，可以对受众的思想和行为产生一定的方向性指点、引导作用。指导是新闻传播的基本功能，存在于所有国家的为不同社会集团所掌握的不同新闻媒介（或报纸、或广播、或电视）之中，并非专指社会主义国家新闻媒介的积极作用。新闻传播媒介一般是通过循循善诱、典型示范、触类旁通、潜移默化等软性方式间接发挥自己的指导作用，有时也通过社论、评论、按语、揭露性报道或调查性报道等刚性方式直接释放自己的指导功能。但是，“指导”不是“指挥”，也不是“领导”，其指导性信息是非指令性和无约束性的；“指导”不是行政上的命令、指示、警告，其指导性信息应看作是媒介对受众的善意忠告和真诚帮助。因此，对于指导意见，是接受还是拒绝，是听从还是反对，一切仍由受众自己作主，新闻传播者无法越俎代庖。

在当代社会，新闻传播在组织层面上的四项功能虽然是被分开论述的，但它们一般不是单独发挥作用的，而是诸种功能交织在一起共同履行自己的使命和任务的。

（二）社会层面上的功能系统

1. 经济功能

新闻传播具有经济功能，首先是由于媒介本身具有商业性。新闻媒介有“商标”（即媒介组织的名称，如《经济日报》、中央广播电视总台）、商品（如报纸、刊物、节目和音像制品）和商誉，受到市场经济规律的支配。其次是新闻媒介对经济建设具有推动、促进作用。新闻媒介通常是通过采集经济信息、反映经济需求、解释经济政策、规范经济行为、提供技术服务、引导合理消费等方式来发挥传播的经济功能。

2. 教育功能

同所有的传播功能一样，教育功能也是当代社会中的一种客观存在，不是主观地强加上去的。传播知识、交流经验、传承文化遗产、介绍外国文化，是当代新闻传播中最基本的一项功能。新闻传播知识有自己的特点，即它总是传播最新的知识、最常用的知识、最受公众欢迎的知识。新闻媒介释放教育功能的方式有：在消息传播中，提供或穿插知识性内容；设立、开办知识性的专栏、副刊或广播电视节目；对专门性的名词、问题、科技现象等进行解释说明；通过杂志、广播、电视等进行函授教育、空中教学或远距离教学，在当代社会，信息骤增，知识爆炸，新闻传播的教育功能非但不能削弱，而且必须加强，以适应广大人民群众对知识不断增长的需求。

3. 艺术功能

艺术功能的核心是娱乐，所以又称之为娱乐功能。新闻媒介中的艺术信息对受众的作用，是有表层和深层的区别的。其表层功能为：可以帮助受众认识生活的意义，获取见闻和充实知识，消磨和打发多余的时间，提高艺术审美能力；受众阅听艺术信息达成的深层功能为：逃避现实，发泄不满，印证偏见，平衡心理，寻找求爱秘诀，窥探性的秘密，搜寻闲谈话题，获取特殊体验。今天，新闻传播的艺术功能受到了前所未有的重视，艺术信息不仅在新闻媒介的特定版面、时间中占有的百分比越来越大，而且那些看上去是纯新闻、纯广告的内容也越来越具有艺术性、娱乐性和消遣性。

第三节　新闻传播的传者与受者

一、新闻传者

（一）新闻传者的角色定位

在人类社会，个体人必须扮演一定的社会角色，即个体在特定的社会和群体中占有的相应地位和身份。个体人社会角色地形成是通过个体的社会化过程而完成的。也就是说，个体通过一定的社会实践，学习知识和技能并在某种程度上被引导去适应他所在的社会团体的规范，从而使自己从一个自然人变成一个社会人的过程。

1. 角色学习与角色冲突

在个体社会化过程中，首先面临的是角色学习，即为了成为社会群体中的一员，扮演好一定的社会角色，个体必须进行角色学习。学习角色的义务与权利，学习角色的态度与情感等，以期待成为社会成员之一。

角色学习具有一定的强制性。角色学习并非易事，角色学习是在一定的社会文化背景以及社会规制下进行的，社会成员总是受到自己所在社会的各种规范的制约。

角色学习具有个体主动性。角色学习的主体具有对学习内容的主动选择性，特别是个体在信仰、职业、社会道德实践等后天领域的角色学习中占据主动选择的地位。

角色学习具有个体终生性。在人类社会中，每个独立个体的社会化过程漫长，在人的生命周期的不同发展阶段，其社会化有着不同的内容与任务，如性别角色社会化、政治角色社会化、经济角色社会化、文化角色社会化、职业角色社会化、道德角色社会化等。所以，角色学习往往是毕生所为，呈现出终生性的特点。

在角色学习和角色扮演的过程中，社会群体中多数成员期望居于某个社会地位上的“人”应有的某种行为方式等，称为角色期待。换言之，社会群体中的他人对角色提出符合角色身份的希望，而角色则从他人的希望、关心中了解自己所充当的角色应该有什么样的行为模式，从而为此做出相应的努力。可见，角色期待是成为角色的有效手段之一。

当一个人扮演一个角色，或同时扮演几个不同的社会角色时，有时会发生内心的矛盾和冲突，称为角色冲突。主要表现在：社会上其他社会成员对同一个人的角色期待不一致，使其无所适从，无法满足各方面的需求；社会个体从充当旧角色转换到充当新角色时的不适应；社会个体同时身兼若干角色，无法满足各方面要求；社会个体角色人格同扮演者的真实人格不一致，角色扮演者对所充当的角色感到力不从心，等等。

2. 新闻传者的社会角色定位

信息传播古已有之，而新闻传者是随着近、现代新闻事业的产生而出现的新的社会分工所形成的一种新的社会职业。早在 16 世纪前后，随着意大利水城威尼斯等地早期报纸的诞生，出现了一批以收集新闻为生的专业人员，这可视为最早的新闻记者。随着新闻事业的发展，以记者和编辑为主体的新闻传者队伍不断扩大，门类越来越多，专业性越来越强。

对于新闻传者，社会其他成员出于自身不同的价值期许，以及人们对新闻媒体和新闻传者的不同认识，借助一些比喻和概括对新闻传者形成一定的角色期待，也被认为是对新闻传者的角色定位。从社会地位而言，新闻传者被称为“无冕之王”“第四权利”“第三等级”“包青天”等；从社会功能来看，新闻传者被定位为“消息灵通人士”“权威人士”“包打听”“孜孜不倦的扒粪者”“宣传战士”等；从新闻传播流程看，将新闻传者视为“信息流通的动力”；从新闻媒介作为社会信息平台来说，将新闻传者看作“意见交流的桥梁”；从对社会机构和管理部门的权力运行监督而言，新闻传者被视为“监督权力的守望者”；从新闻媒介作为传承与延续文化所起的作用看，可将新闻传者视为“社会民众的教师”。

3. 新闻传者的角色规定

角色规定是指对扮演某种角色的资格、条件及行为的规范，并为该角色个体所认同。在现实生活中，社会角色总是由其实际情况与条件所决定，并表现出一种实际行为。人们将属于某种特定角色人的实际行为，称为角色行为，它受一定的社会地位、群体压力、社会风气、社会公认的价值标准制约。

经过数百年文化积累以及新闻传者角色期待与角色行为的相互整合，新闻传者的角色规定可由两方面构成：新闻传者的素质修养和行为规范。

作为社会大航船上的“瞭望者”和“最伟大的真理向导”的新闻传者，承担着极其重要的社会与历史责任。如果将这种社会与历史责任还原为具体的职业和事业，对于新闻传者来说，就有更高的素质方面的要求。有学者总结出这样一个公式，即新闻传者的整体素质=长×宽×高，“长”是业务专长，“宽”指的是知识面，“高”是思想境界，并指出这样的一种素质构成是一个立体化的结构，而不是平面的或者仅仅是点与线的连接。三者之间的相乘关系，使其整体的素质成几何级数增长。① 具体到业务专长，包括较强的社会活动能力、调查研究的基本方法、特殊的新闻敏感、出色的符号运用能力、现代采编工具的运用等，都是题中之义。关于知识修养，新闻传者的职业特点要求其必须具备广博的文化知识和社会知识，也即新闻传者的知识结构在“专”的前提下，越“杂”越好。对于新闻传者的思想境界而言，要求其有良好的道德修养和职业的社会责任感等人格境界。除此之外，还要具有高迈的思想理论境界，即有较高的马克思主义理论水平，能够运用马克思主义的基本原理和方法观察、分析客观事物，对各种错综复杂的社会现象进行正确的思考和判断，通过自己的新闻报道和言论来推动整个社会的健康发展等。

4. 新闻传者的角色责任与权利

新闻传者的角色责任体现在新闻传播的全过程。在新闻信息采集中，新闻记者要尽可能多和尽可能好地满足新闻接受者的多种信息需求，既正确引导社会的信息需求，又满足多样化的社会信息需求，并忠实地执行新闻调控机关的命令和指示，务使所给定的信息具有合法性和合理性。与此同时，要培养良好的职业技能，以出色的新闻敏感和传播敏感及时发现与捕获信息，不遗漏主要的信源和信息。

在新闻信息的加工与制作过程中，新闻传者对采集到的信息进行内容与传播形式的加工处理，包括信息的取舍和过滤，其责任在于正确的把关，即合理控制新闻信息的流量与流向。对信息的选择与加工，取之、舍之有法可依，增之、删之有据可援，从而令新闻传播的调控机构、新闻接受者、新闻传者自己“三满意”。

在新闻信息的反馈阶段，应及时了解全部的反馈信息，及时调整后续传播行为。

当然，在新闻传者的职业生涯中，也拥有多层次、多种类的权利，既具有一般公民所具有的法定权利，也具有作为新闻传者所具有的职业权力。主要包括：

（1）知察权。是指新闻传者作为社会成员之一，有获得有关自身所处环境及其变化的

---

① 郝雨，王艳玲. 新闻学概论［M］. 上海：上海大学出版社，2003：127.

信息、保障社会生活所需要的各种有用的信息的权利，是人的生存权的基本内容之一。

知察权还包括公民对国家的立法、司法和行政等公共权力机构的活动所拥有的知情或知察的权利，这是公民的一项基本政治权利，也意味着公共权力机构对公民负有信息公开的责任和义务。在新闻传播活动过程中，知察权意味着新闻传者的职业行为不受阻碍，一切有关方面不能拒绝提供公民依法应知晓的信息，不能损害其通过正当渠道获取信息的权利。

（2）著作权。《中华人民共和国著作权法》第十条规定，著作权包括下列人身权和财产权：发表权，即决定作品是否公之于众的权利；署名权，即表明作者身份，在作品上署名的权利；修改权，即修改或者授权他人修改作品的权利；保护作品完整权，即保护作品不受歪曲、复改的权利；复制权，即以印刷、复印、拓印、录音、录像、翻录、翻拍等方式，将作品制作一份或者多份的权利；发行权，即以出售或者赠予方式向公众提供作品的原件或者复制件的权利；出租权，即有偿许可他人临时使用电影作品和以类似摄制电影的方法创作的作品、计算机软件的权利；展览权，即公开陈列美术作品、摄影作品的原件或者复制件的权利；表演权，即公开表演作品，以及用各种手段公开播送作品的表演的权利；放映权，即通过放映机、幻灯机等技术设备公开再现美术、摄影、电影和以类似摄制电影的方法创作的作品等的权利；广播权，即以无线方式公开广播或者传播作品，以有线传播或者转播的方式向公众传播广播的作品，以及通过扩音器或者其他传送符号、声音、图像的类似工具向公众传播广播的作品的权利；信息网络传播权，即以有线或者无线方式向公众提供作品，使公众可以在其个人选定的时间和地点获得作品的权利；摄制权，即以摄制电影或者以类似摄制电影的方法将作品固定在载体上的权利；改编权，即改变作品，创作出具有独创性的新作品的权利；翻译权，即将作品从一种语言文字转换成另一种语言文字的权利；汇编权，即将作品或者作品的片段通过选择或者编排，汇集成新作品的权利；应当由著作权人享有的其他权利。

（3）监督批评权。是指新闻传者与所有公民一样，有监督国家机关及其工作人员的公务活动的权利。它是公民参政权中的一项不可缺少的内容，是国家权力监督体系中的一种最具活力的监督。它包括新闻传者以公民的身份直接行使的监督权和公民通过自己选举的国家代表机关代表行使的监督权。除此之外，新闻传者还有借助新闻传播媒介所进行的独立、负责地开展舆论监督和新闻批评的权利。

（4）秘匿权。也称“取材秘密权”或“消息来源保密权”。它是新闻传者、新闻机构享有对消息提供者的有关情况进行保密的权利。行使秘匿权具体包括保护消息提供者，不对任何人泄露其姓名、职务、所属机构等情况，以免消息提供者受到打击、迫害及其他报复；保护消息提供者也是保证传播媒介拥有必要充足的信息来源。当然，秘匿权的不当使用也有可能为新闻传者制造假新闻提供保护伞。

（5）人身安全权。是指新闻传者无论是作为自然人还是职业的新闻信息传播者所应该享有的生命、健康、行动自由、住宅、人格、名誉等安全保障，以及不受他人侵犯的权利。

（二）新闻传者的专业理念

在新闻事业产生与发展过程中，新闻传者扮演了极其重要的社会角色，承担着光荣而艰巨的历史使命和社会责任，并在其具体的社会实践活动过程中形成了具有一定特殊性的意识活动规律。与此同时，新闻传者还应具有一定的专业理念。

对于新闻专业理念，有学者将其称为新闻专业主义，在其形成过程中有着不同的话语建构。最具代表性的是新闻传播学代表人物 J. 赫伯特・阿特休尔的观点，他将新闻专业主义归纳为四条信念：第一，新闻媒介摆脱外界干涉，即摆脱政府、广告商和公众的干涉；第二，新闻媒介为实现公众知晓权服务；第三，新闻媒介探求真理并反映真理；第四，新闻媒介客观公正地报道事实。

可以看出，阿特休尔从新闻传播业的崇高理想出发，具体地规划出新闻传者专业理念的现实路径：客观地报道事实与反映真理，其目的是满足广大公众的知晓权，但必须剔除新闻业为公众服务时有可能出现的各种滞碍性因素。阿特休尔同时还自信地认为，这四条信念是美国、西欧和其他实行市场经济工业国家解释新闻媒介问题的根本法宝。①

有关于新闻传者专业理念的话语表达多种多样，但核心理念不外是：新闻媒介为社会公器，须为公众服务；新闻传者应承担起必须承担的社会责任。所以，对于新闻专业理念的理解，似乎可以简化为“器”与“用”的问题，二者的综合即化成为新闻的客观性，新闻传者的专业理念扩而大之，可以引申为新闻事业的专业理念，即任何新闻事业的组织与机构及其从业人员必须服务大众，在其新闻传播实践活动中切实遵循真实、全面、客观、公正的原则。

新闻专业理念看似简单明了，但要真正地践行它，并不容易。身为当代美国最为重要的社会学家之一，赫伯特・甘斯认为，新闻媒介是有权力的新闻来源与消费者的“拔河游戏”争夺的对象；美国著名学者爱德华・赫尔曼和诺姆・乔姆斯基曾说，社会中的富有阶层和权力阶层才是真正支配新闻运作的人。研究市场新闻业的美国学者约翰. H. 麦克马那斯认为，真正的市场新闻业是在新闻部门的组织文化中进行。在新闻生产的几个主要步

---

① ［美］J. 赫伯特・阿特休尔. 权力的媒介［M］. 黄煜，裘志康，译. 北京：华夏出版社，1989：133.

骤：发掘新闻、选择新闻和报道新闻中，新闻生产者的行动总是受到其他人的掣肘。在其几个关键性的交易伙伴——消费者、广告商、新闻来源和投资者之中，最后一个才是真正的老板。①

当然，击碎新闻专业理念梦想的不只是市场环境下媒介运行的商业逻辑，对新闻专业理念的收编还有来自政治方面的力量。这股力量往往以国家利益为借口由各级政府施压，使新闻媒体偏离其专业理念。但无论如何，新闻的专业理念以各种方式或外显或内化地予以呈现，新闻专业理念也常常在新闻传者的意识活动中规律性地呈现。

（三）新闻传者意识活动规律

新闻传播活动是一种精神性的生产活动。新闻的意识形态性决定了作为新闻生产主体的新闻传者的意识活动的本质特性，即传播者的全部意识活动在于通过报道新闻事实以及对新闻事实的评价，最终服务于一定的社会政治和经济基础。故而在探讨其意识活动规律时，既要考虑新闻传者意识活动的自身规律，又要考虑它同政治与社会生活的关系。

1. 新闻传者的意识活动具有主体实践性

新闻传者生活在现实的社会生活和公众之中，其主体意识在现实社会的物质世界和精神世界中形成与发展。新闻传者的意识活动同现实生活高度融合，同广大公众的心声一脉相通。因此，新闻传播实践活动既能如实地反映客观的社会存在，也能真诚地表达民众的心声。

新闻传者所从事的创造活动是精神性生产活动，其意识活动具有特殊性，即不断地报道人们未知而欲知的新闻事实。这样的实践活动既能如实记录社会生活中正在发生的各种各样的变化，又能预示潜在的变化。但是，新闻传者并不是什么先知，其意识活动也毫无神秘可言。因为他植根于现实的社会生活、劳动大众之中，既是社会关系中的个体，又是社会实践的主体，所以，新闻传者所报道的事实和所反映的现实生活，并不是在客观世界之外，而是深深地嵌入在现实的客观世界之中。新闻传者主体意识的形成必须依赖于现实事实，依赖于客观的社会实践，而不是依赖于某种主观意识。因此，社会实践才是新闻传者主体意识的基础。由此可见，新闻传者的意识活动应该而且只能同生活水乳交融。脱离了客观存在的现实生活，也就无所谓意识活动。

与此同时，对任何个体来说，其社会实践活动的方式都有直接和间接两种实践方式，从而决定了社会实践并不是某个个体的个人行为，而是劳动者集体的伟大创造。正是由于

① ［美］约翰. H. 麦克马那斯. 市场新闻业——公民自行小心？［M］. 张磊，译. 北京：新华出版社，2004：46-56.

这种创造，才使人们在其具体的社会实践活动中获得双向进展：其一为改造客观世界，使客观世界活动中的各种规律为人们所认识、所掌握；其二为改造主观世界，在掌握客观世界运行规律的过程中，形成改造者主体正确的观念与思想。

从本质上看，在此所言的劳动大众的心声，也就是人们在改造客观世界与改造主观世界所获得的双向进展过程中体现出来的认识与评价、愿望与心声。由此，新闻传者一方面同一切劳动大众的心声是一脉相通的；另一方面，他应该而且也能够成为人民群众心声的表达者。人民的心声应内化为传播者个体的自觉要求，并以个体的独特的形式将其表现出来。

由此可以看出，新闻传者的实践活动，必须依赖于客观的社会生活，依赖于千百万劳动者的伟大实践。新闻传者主体意识活动能动性的发挥，应该而且能够更自觉地反映人民群众的愿望和要求，真实地报道群众关注的新近发生、发现的新闻事实。如实地再现现实的社会生活，真实地报道群众的愿望、要求，这正是一切优秀新闻工作者的新闻报道既能准确记录社会生活、又能引起社会公众深度关切与共鸣的内在原因所在。

2. 新闻传者的意识活动是积极的生活反映

新闻传者总是以积极的态度去反映客观对象和新闻事实，不仅反映其态度与思考，而且反映其情感与愿望，然后显示为客观的物质符号及其符号体系。因此，新闻传者意识活动所呈现的对象，绝不是简单的干枯的事实罗列，应是饱含着激情的现实的、生动的生活再现。

新闻传者所传播的新闻事实是对现实社会生活事实的一种反映。从形式看，反映新闻传者的感觉和思维，即反映客观对象本身的特征与规律对传播主体所产生的作用；与此同时，也反映传播者的情感和愿望，反映传播主体与客观对象的关系。换言之，新闻传者在报道新闻事实和反映客观现实生活时，不仅反映事实本身的属性、特征及其规律，而且饱含着传播主体自身的需要与目的，即同时反映着自身与事实之间互相作用的关系。因此，新闻传者以积极的态度反映客观社会的生活与报道事实，绝不会只是将事实予以简单罗列，而应该是饱含着激情的事实，是生机勃勃的现实生活的再现。

可见，新闻传者的意识活动自始至终充满生活的激情，以一种高昂的、积极的态度报道事实、评价事实以反映现实生活。无论以一种什么样的信息化手段，诸如文字、声音、图像，他都能表达出生活本身所具有的那种事实的鲜活性与生活的现实性。

（四）新闻传者的职业道德

在整个社会有机运行的各系统中，新闻事业的特殊性与重要性是显而易见的。对新闻传者的职业道德提出严格要求并做出具体规定，既新闻业发展的现实要求，也是对其自身发展过程中所遇到的各种问题的一种迫切回应。《联合国国际新闻道德规则》以及世界上其他国家的新闻职业道德标准，对新闻职业道德的要求，基本上从职业理念、职业态度、职业纪律、职业责任等四个方面予以规定：新闻传者的职业理念涉及新闻信息传播主体的社会实践活动的宗旨，即为什么、为谁从事新闻工作。《联合国国际新闻道德规则》中提出为公众利益服务的理念，《中国新闻工作者的职业道德准则》要求新闻工作者要全心全意为人民服务，并且将为人民服务视为社会主义道德建设的核心，是社会主义道德的集中体现，也是中国新闻工作的根本宗旨。

新闻传者的职业态度，是其工作宗旨能否得以践行的方向性导引。新闻从业者必须具有严肃、严谨、认真、踏实的工作态度。《国际新闻道德信条》指出，新闻工作者尽可能查证所有的消息内容，不应该任意曲解事实，并杜绝各种包括中伤、污蔑、诽谤、抄袭、剽窃等职业罪恶。

新闻传者的职业纪律是对新闻工作宗旨落实的切实保障。在新闻传播实践活动中，对新闻传者的纪律要求贯穿其工作过程的始终。在新闻信息挖掘阶段，信息获取手段合理，方式正当；在新闻信息加工阶段，态度端正，方法科学；在新闻信息复制传播阶段，渠道合理，方式公开。在整个新闻传播活动进程中，不受特殊利益或利益集团的诱惑与压迫。

新闻传者的职业责任是新闻传播事业及其宗旨在实践领域所体现的精神高度，是新闻传者个体及其组织的职业理念、职业态度与职业纪律内化后的综合体现。作为社会发展使命担当者的新闻传者个体或组织机构，应该自觉地、竭尽一切努力将新闻事业作为自己为之勉力奋斗的光荣使命，而不是将其降格为维持自己生存并提供物质保障的职业性行为。所以，新闻工作者的职业责任无疑具有相当的崇高性与神圣性。

二、新闻受众

（一）受众及其特征

受众是一定社会环境的产物，更是对于特定形式媒介供应物的一种反应。受众通常是与媒介同时存在的，当一种媒介开始对某一社会范围的成员或者一个特定地区的居民进行传播时，受众便开始存在。受众亦可以通过彼此不同但又相互重叠的方式来进行定义，诸如以“地方”“时间”“人群”“特定的媒介”“渠道形式”“信息内容”等方式。① 英国传播学家丹尼斯·麦奎尔的上述说法，足以使人们认识到受众的复杂性。化繁为简，所谓

① ［英］丹尼斯·麦奎尔. 麦奎尔大众传播理论［M］. 崔保国，李琨，译. 北京：清华大学出版社，2006：306.

受众是对大众传播信息接收者的总称，也称受传人、阅听者。在新闻信息传播活动中，受众泛指纸质媒介的读者、视听媒体的观众与听众、网络媒体的信息接收者等。

1. 受众的形成

受众形成的历史表明，大众媒介的早期受众起源于公共剧院、歌舞表演以及早期的竞赛和大规模表演活动，受众被视为“特定地点的实体人群”，并已于两千年前以关注世俗性的公共事件为内容，以群体的形式而存在了。

现代大众媒介的受众虽也具备上述某些类似的特征，但受众的形态已经有了很大的扩展。在媒介技术所带来的新兴信息传播主流模式的社会创新中，受众是指以某种特定的方式接受新闻信息，并对此做出某种反应的个人或社会群体。

因此，在现代大众传播的语境之下，新闻受众的形成至少要具备两个条件：即对新闻信息的接受以及某种程度的接受反应。因为新闻信息传播，其目的就是为了赢得最广泛的受众，只有这个目的达到了，新闻传播才会产生最基本的作用并实现其社会价值。反之，无受众的新闻，新闻信息传播就没有对象，导致新闻信息只能停留在“复制”层面，同时，如果受众接受新闻并无任何反应，就无法确定新闻信息对公众是否产生了影响，也就没有任何证据认为这些公众是受众。因此，受众必须和反馈行为联系在一起。严格意义上说，新闻信息的接受与反馈行为的主体即为接受主体，接受主体作为与传播主体相对应的另一主体性存在参与整个新闻信息传播过程。值得注意的是，接受主体的反馈行为是复杂的，既可以是直接的，也可以是间接的，反馈可大可小，可多可少。

追而溯之，早期大众传播媒介组织与机构对于受众的分析与研究，来自广告商及其组织对报纸发行量的调查。那时报纸的读者就是潜在的消费者，而广告的价格是由报纸的发行量决定的。特别是美国的广告商为了防止虚报报纸的发行数量，于 1914 年联合组织了“报纸发行数字稽核局”，通过各种途径调查报纸的发行量。之后，大众传播媒介机构和传播研究者开始有目的、有步骤地研究受众，以确认某种媒介在何种环境下使用不同的传播手段所能产生的实际效应。

到了 20 世纪 50 年代左右，随着传播研究进入一个较高的发展阶段，受众的角色与地位问题也进入了研究者的视野。研究者越来越意识到，受众作为传播活动的起点与最终归宿，既具有自身规律，也对传播内容、传播手段与传播效果起着决定性作用。因此，了解受众与研究受众，便成为所有媒介从业人员必须强化的意识与共识。

在大众传播媒介迅速发展的今天，面对讯息的大量复制与输送，受众却很少对传播活动做出明显反应，特别是对于传统媒介信息传播的反应，更少。原因在于大众传播不是面对面的交流，它具有反馈的不易性。这导致大众传播媒体在对广大受众进行传播时只能采用逐渐摸索情况的方法，一边传播，一边试验效果、测验反应。也可以说，虽然当代大众传媒不断走向发达，但是信息的反馈则更多呈现出间接性与潜隐性的状态。

2. 受众的特征

一般而言，大众传播媒介的受众具有以下特征：

（1）受众数量众多。新闻传者无法同受众面对面地“分别”交流，即使传播者力图以某一特殊类别的受众作为传播对象，这些受众的绝对数量也是极大的。

（2）受众是“自由”的，其新闻信息接收行为具有随机性。传播者对于这些“自由”的受众没有任何约束力和强制力，受众进入或退出传播活动都是完全自由的和随机的。虽然受众有自身较为固定的接受习惯，也会受到社会团体或其他团体的制约，但其自由性在一般情况下不受传播者的控制。

（3）受众是“匿名氏”。传播者可以从年龄、性别、政治信仰、受教育程度、经济收入、职业范围等方面了解自己特定的受众群，但不知道自己媒体的受众具体是哪一个人。

（4）受众分为不同的层次和类别。在同一层次或同一类别中，受众之间具有某种相近或相似的生活经验、情趣、爱好和信息接收习惯。

（5）在时间或者空间上，受众与传播者是分离的。这也是大众传播与人际传播最突出的区别之一。

3. 受众研究的理论观点

“受众”一直是颇具争议的研究范畴，虽然受众研究有不同的目的，彼此之间的差异现象频现，但所有的研究共同目标是“建构”“定位”或“分辨”此种无组织的、流变中的，或者是人们并不熟悉的社会群体。因此，对受众的研究也就出现了许多差异极大的结论。

（1）个人差异论。该理论认为人的性格和态度不同，决定他们的倾向和行为也会不同。这一理论的基础是“条件论”和“个人动机论”。美国传播学家梅尔文德弗勒将个人差异概括为以下几项：个人的心理结构不同；先天禀赋与后天习得不同；学习中所形成的态度、价值观与信仰不同；学习社会理论所形成的观点不同。所以，个体是有差异的存在。

受众的“个人差异论”使人们认识到：受众不像一群绵羊一样任人驱赶；受众有鲜明的个性，他们对事、物有自己的观点；他们会对不同的传播内容有不同的反应。

“个人差异论”是使“魔弹论”趋于破产的重要理论。“魔弹论”理论来源于苏联生理学家、心理学家伊万·彼得罗维奇·巴甫洛夫的“条件反射”理论和奥地利精神病医师、心理学家西格蒙德·弗洛伊德的心理分析理论。第一次世界大战后，受众曾被认为是一种静止的靶子，如果传播者的信息能击中“靶子”，就能影响受众。受众总是被动的并毫无反击意识与能力，他们受强大的传播媒体的力量摆布和控制。于是，传播媒介被认为威力无边。对此，美国传播学科的集大成者和创始人施拉姆说，他在别的地方曾将这一观点称作传播的“枪弹理论”。传播者被认为是魔弹，它可以毫无阻拦地传播观念、知识和欲望……传播似乎可以将某种东西注入受传者的脑子里，就像电流使电灯发亮一样直截了当。他同时认为“枪弹论”观点不是一流学者的发明，它虽然广为流传，但从未得到第一流学者的拥护，而只是一种记者的发明。可以看出，“枪弹论”是传播学者对一种不分时间和地点、不讲环境条件，将传播数量与传播效果绝对化和神化的观点的一种比喻性概括。

（2）社会类别论。人们可以按年龄、性别、种族、信仰、收入、教育、职业、居住地等，划分不同的社会类别。同一社会类别的人，大体上选择同类的传播工具，接触较为一致的内容，并且做出相近似的反应。

（3）社会关系论。受众的社会关系是在职业行会、教育组织、政治组织、娱乐等组织中所形成的某种关系。这种社会关系对受众的信息反应也会产生潜在的影响。

（4）文化规范论。此种理论认为传媒媒介及其传播的内容可以使受众产生新的观念，改变其固有的态度和行为，于是，传播媒介就成为社会控制的一种，即成为一种文化规范。人们在观察认识与理解事物时，会受到传播工具所控制的文化规范的影响。

文化规范论与“议程设置”理论，以及 20 世纪原创媒介理论家马歇尔·麦克卢汉的“多种平衡”理论相联系。这种理论认为：传播媒介的效果和作用在于引起人们的注意力。大众传播只要对一些问题予以重视，集中报道并忽视或掩盖对其他问题的报道，就能够影响公众的舆论，成功地将大众的注意力集中到传媒所希望集中的领域或问题之上。人们倾向于关注和思考大众传播媒介关注和报道的那些问题，按照大众传播给各个问题确定的重要性次序分配自己的注意力。大众传播通过调动受众的注意或安排问题的轻重次序，间接地达到影响舆论、左右人们的观点和思想的目的。“议题设置”则对传播的效果持肯定的态度，因为它不涉及态度的改变，也不涉及意见的改变，而主要涉及的是注意与学习的问题。

如果将以上关于受众的四种理论予以概括，可以有如下表述：人们都是传播媒介的广大受众中的一员，每个受众对传播内容的反应各不相同；但同时，具有共同经验和相同社会关系的受众似乎有相似的反应；更重要的一点在于，人们作为受众，必然受到整个传播经验的影响。

（二）受众在新闻传播过程中的地位

新闻传播是一个复杂、有序的运动过程，受众是新闻传者传播新闻信息的直接对象。

传播者与受众，在整个传播过程中构成一对矛盾关系，二者之间既互为前提，又相互作用。正是这对矛盾，决定了受众在整个新闻传播过程中的地位。

1. 受众的受动性与能动性

受众是新闻传播活动的生产者与消费者。在新闻传播活动中，传播者有一个非常直接的目的就是把新闻信息传给受众，即真实地、客观地向受众报道新近发生或发现的具有广泛认识价值的新闻事实，报告社会生活的变动情况。从传播者的角度说，受众是新闻的接受对象，处于受动的地位。即受众不仅仅是接受传播者传给他的关于新闻事实的描述，还要自觉不自觉地接受传播者对这一事实的认识和评价，或者说，接受传播者内化于新闻事实之中的思想、价值倾向，甚至情感。另一方面，受众作为消费者扮演媒介产品享用者的角色，并用自身的消费行为创造出所有媒介拥有者所看重的价值——注意力；而媒介产品即大众媒介生产的信息、形象、思想、娱乐等，只不过是吸引受众来到作为生产现场的媒介前面，在享受所谓的“免费午餐”的同时，奉献出自己最重要的价值即注意力。从这个角度上讲，媒介最重要的产品其实是受众。媒介拥有者根据受众的质量，依据其年龄、性别、文化程度、收入、购买力的强弱等人口指标，将受众“打包”销售与广告商，向广告客户收取费用。因此，媒介企业想做的其实就是将受众的注意力抓住，以便出售。

因此，从新闻传播的活动流程来看，新闻信息从传播者到新闻媒介再到受众，受众处于受动的地位，具有受动性的特征。它不仅要接受传播者传给他的新闻事实，有时还要接受传播者传达的思想与倾向的影响。但是，受众处于受动的地位，并不意味着它处于被动地位。任何新闻事实经过传播以后成为新闻，而一旦成为新闻就是一种独立的存在物，它不再以传播者的意志为转移，传播者也无法再改变它。当新闻以独立的内容与形式成为受众接收的对象时，受众则会用各自独特的方式选择性地理解、评价与接受它。在接受新闻的环节或过程中，受众处于主动地位，具有能动性的特征。其能动性主要表现在：

（1）化潜在意义的新闻为现实意义的新闻。新闻传者所提供的由新闻要素或新闻事项所构成的新闻，在没有被受众接受以前，处于一种潜在的形式。换言之，在新闻传播过程中，传播者所发掘出的新闻作品的价值，在没有受众接受之前只能具有潜在的意义，只是一种“可能性”的存在。因为，新闻事实经过媒介复制传播后也只是新闻事实的一种记载，只有当它被受众接受以后，新闻价值的“可能性”才能转化为现实性。或者说，新闻事实及其作品价值的潜在形式，只有当受众接受以后，才能变成受众接受的现实形式。

（2）化潜在形式的思想与倾向为现实形式的思想与倾向。新闻事实中所包含着的传播者的思想与倾向，在没有被受众接受以前，是一种潜在的自在的形式，只有当受众经过自己的再认识、再理解以及再评价以后，这种潜在的形式才成为受众接受的现实的形式。

由此可见，受众在新闻传播过程中的地位具有双重性：作为新闻输出的接受对象，它处于被动地位，具有受动性；当新闻作为受众认识与评价的对象时，受众又具有能动性，并以自己独特的二重接受方式，化潜在的新闻事实及其所包含的思想和倾向为现实的新闻以及思想和倾向。这应是对受众在新闻传播过程中所处地位的全面认识。

2. 受众与新闻的关系

在新闻传播过程中，传播者将事实变为新闻事实并经过媒介的传播成为新闻，这一过程中受众对新闻而言，具有双重性：其一，受众是新闻的输出对象；其二，新闻又是受众的接受对象。

在考察受众同新闻的关系时，首先必须肯定的是，受众作为新闻的输出对象，即受众的任何认识、评价必须依赖于事实，依赖于新闻所提供的事实。如果说，新闻的事实与意义完全取决于受众的感觉、解释和评价，那么，就永远没有新闻的真假与是非之辨了。所以，从本质上来说，受众的认识与评价有赖于新闻。另一方面，新闻最终要被受众所接受，如果没有任何受众接受，新闻就没有意义。因此，从这个意义上讲，没有受众就没有新闻，没有受众接受的新闻只能是一种潜在的存在形式。受众的能动性恰恰就表现在将这种潜在的新闻存在形式通过接受变成为现实的存在形式。

由此可见，从整个新闻传播过程来说，新闻的独立性是相对的：在本质上，它是独立的且不以受众的意志为转移，受众的接受对新闻有依存性；在过程上，新闻的存在以受众作为前提，没有受众就没有新闻，受众的接受使新闻具有存在的意义。

（三）受众接受的心理过程

受众在新闻传播过程中不仅仅是一个重要的环节，更是新闻直接的、现实的肯定形式：新闻为受众的接受提供了对象，受众的接受则是对新闻存在意义的肯定。传播者传播任何一则新闻，无论是其中提供的新近发生或发现的事实，还是包含在这一事实中的思想、倾向、意义，均必须为受众所接受。受众接受新闻时的心理过程，对理解受众本身以及衡量新闻传播效果，均有重要的意义。

1. 受众接触大众传媒的动机

在通常情况下，人们接触大众传播媒介是由于他们预期媒介可以帮助他们满足某些实际的需要。作为个体的人接触媒介是有某种动机的，他使用媒介所提供的内容与形式的结合物来满足自己的需求。在这种情况下，媒介才是受众的接触“对象”。有研究人员将受众接触媒介所获的“报酬”分为两类：一是接触媒介时其直接需求得到满足的“即时报酬”；二是期待着为其生存、进步与发展等目标的实现起某种作用的“延迟报酬”。在这种情况下，动机是行为发生的直接动因，动机可以是有意识的，也可以是无意识的。

受众的动机在受众需要的基础上产生，它是引起和维持受众个体接收新闻信息并使这一活动趋向某一目标新闻的内部心理过程或内部动力。新闻受众的需要是受众个体的一种内部状态，通常是以期望、意向等形式表现出来的，它是隐藏于主体内心的一种心理活动，这种心理表现不能完全体现在受众的行为上。

不可否认，许多受众在接受新闻时不一定有什么特定的目的和具体的目标，随意接触并使用媒介的大有人在。所以，根据受众的需要与动机的目标之间的关系，新闻报道只有不断捕捉受众具体想获知的需求的时候，才可以紧紧抓住受众的“注意力”。

受众的需要大致可分为以下几类：其一，为满足精神上的需要，如寻找乐趣、打发时间、了解国内外发生的新闻事件等；其二，是为了满足生活上的需要，如寻找解决困难的办法、寻求购物的参考资料、增加与人谈话的谈资、间接与社会接触等；其三，是为了满足知识上的需要，如增加新知见闻、满足好奇心、了解别人对事物的看法，等等。

2. 受众接受新闻的具体心理过程

受众的接受是一种特殊的积极的综合性的心理活动，它表现为由接受对象引起的一系列复杂的心理活动过程。从表面上看，这一过程是短暂的，甚至连自己都意识不到。受众接受一则新闻时会立即做出以下判断，何时、何地发生何事。其实，在这短暂的瞬间，受众的心理活动过程是十分复杂的，它涉及视觉、听觉、表象、记忆、联想、想象、情感、思维等若干种心理和认知因素的相互作用，并处于十分复杂活跃的运动状态，以形成积极的综合的心理反应。同时，受众接受的心理活动，既不同于科学的理性认识，又不同于艺术的审美感受，它有自己的特色。在受众接受心理过程存在的诸种心理因素中，感知、情感、理解的积极、综合运用是构成受众接受心理过程的基础。

（1）感知。受众的感知，包括感觉和知觉两种心理因素。所谓受众的感觉，指的是受众对新闻个别属性的反应，它是受众接受新闻的起点。当人们接触到某则新闻时，首先是通过感觉获得了直观材料，尽管这些个别材料之间联系并不密切，它却是人们理解这则新闻所提供的新闻事实的基础，离开这些个别材料而理解新闻，是难以想象的。人们的感觉主要靠感觉器官，而受众接受新闻的感觉主要靠视、听器官，从而获得新闻事实中那些个别的重要的材料的印象。而受众的知觉，就是在感觉的基础上，对新闻个别的、重要的材料进行综合的、整体的反映。一般说来，知觉与感觉区别在于：知觉不只是反映事物的个别属性与特征，而是把感觉的材料整合为完整的映象，即形成表象。因此，受众接受新闻的知觉不再是一般地获得新闻事实中的那些个别、零碎、重要的材料，而是把这些个别的重要的材料联合起来，形成有关新闻事实的完整映象。

受众的感知具有选择性特点。受众的感知不仅能形成对新闻事实的整体映象，而且还能把握住这一新闻事实中的那些突出的细节，进而更好地把握这一新闻事实。选择能力的强弱，反映了受众接受新闻能力的水平的高低，凡是接受能力强的受众，通过感知不仅仅把握新闻事实是何时、何地、何人、何事，事实的来龙去脉、发展、变化，而且还记住事实的细节。由此，一个优秀的传播者，在报道新闻时，不满足于只把事实交代清楚，而精心地筛选、过滤，写出事实、人物的真实细节来再现新闻事实的发生现场，其原因也在这里。

受众的感知还具有情感性特点。受众的感知，在形成对新闻事实完整映象的同时，情感也参与其中。这种情感因素，不仅仅使受众在感知新闻事实和形成新闻事实的表象，而且同表象一起储存在记忆中。人们的感知是在一定社会条件作用和影响下逐渐形成的，任何一次感知都有已往的感知经验作为基础。当人们感知事物时，很自然就会利用以往的感知经验来补充，与以往的经验形成了暂时联系，在接受当下的感官刺激时就有了情绪色彩。

（2）情感。受众的感知居于受众新闻接受心理过程的起点。受众接受一则新闻，不仅仅只是获得对这一新闻事实的整体印象，还要进一步理解这一新闻事实，即受众不仅仅要知道什么事，还希望知道为什么。从心理活动过程来看，情感是受众感知、理解的中介。因此，情感也是受众接受心理过程中十分重要的心理因素。

一般来说，受众在接受新闻时，情感这种心理因素是十分活跃的，总是参与感知并互相作用，成为感知的动力，使受众在接受新闻时保持一种情绪色彩。情感的这种作用，大致可分为以下两种情况：当受众感受到新闻事实是新鲜、奇特的时候，情感便会增加受众的注意力，强化感知，形成强烈的印象；当新闻事实同受众比较接近时，情感会帮助受众联想，激起一定的情趣反应，增强选择性。当然，由于情感因素具有主观色彩，因此，不同的受众接受新闻时，情感色彩是不同的。

由此可见，对于传播者来说，报道新闻不仅仅要注意自己的情感态度必须是正确的、健康的，而且还应该注意新闻事实的新鲜、及时、容易引人兴味。

（3）理解。所谓理解，就是受众在感知表象及感性认识基础上，对新闻事实的一种理解把握。理解在受众接受新闻的心理活动中的重要作用表现在：它要引导感知、情感的趋向，透过新闻事实的直观形式本身获得对这一新闻事实所包含的思想内容，甚至倾向的把握和认识。从心理学的角度来看，受众在感知新闻事实时，是第一符号系统在发挥作用，使受众获得关于新闻事实的表象。与此同时，作为第二符号系统，语言也在起着调节、引导的作用。于是，受众就有了关于这一新闻事实的表象。没有语言的参加，表象是无法形成的。而语言和语言材料都具有一定的概括性，这就很自然地使受众在对新闻事实的表象的把握中带有理性成分，使受众能在接受新闻事实的同时，理解也包含于其中。

受众接受新闻时，心理活动是活跃的、复杂的，它总是从感知新闻事实开始，情感因素参与其中并起推动作用，使其能完好地理解新闻，进而使受众完全把握新闻并认识到其中包含的意义。

(四) 新闻受众的心理特点

1. 随意性

受众对于媒体种类和媒体内容的选择上有较大的随意性。这主要由新闻信息的特点所决定，新闻信息与强制性的信息不同，其主要功能是向受众传递社会上新近发生或发现的事实，在信息的接受上不带有任何的强制性。所以，受众不必精神紧张地、一定要带有什么主观目的地去接受新闻信息。选择何种媒介及其信息、接受多少，主动权完全掌握在受众手里。

2. 交融性

受众在接受新闻信息的同时，常常会受到其同时所处的感性世界和媒介世界的双重影响。感性世界即人们通过感官直接接触到的外部的、客观的物质世界。媒介世界即通过媒介对感性世界模拟或抽象之后所形成的精神性的拷贝世界。在感性世界与媒介世界的交互作用下，形成受众的心理世界。

3. 互动性

互动性是指在新闻活动中，传播者与受众以及受众和受众之间，通过新闻媒介或人际交往所表现出来的心理上的相互影响和相互作用。新闻传者与受众之间借助新闻媒体间接进行着相互作用与互相影响，其中，受众对于传播者往往借助于反馈机制或间接或直接地施与一定的影响；除此之外，新闻在人际扩散中受众与受众之间在心理上也具有相互影响和相互作用。

在具体的新闻接受过程中，受众的心理往往会呈现出一定的共同特征：

（1）认同。认同指在新闻接受过程中，受众倾向于选择接受与自己具有接近性的新闻。如受众易于接受与其利益、生活环境、职业、兴趣爱好、知识水平相接近的新闻，并表现出一定程度上的集体选择的倾向。这种心理认同的深刻根源在于受众的“知觉定式”。

一般而言，受众的“知觉定式”同自幼的生活与知识经验是直接相关的。人们在长期的社会实践过程中，相对稳定的生活环境和工作内容、知识、兴趣、爱好的积淀、利益的需求等种种经验，就为人们“知觉定式”的形成作了充分的准备，凡与自己经验比较接近的事物就容易表现出积极能动的选择趋势。这种选择趋势导致受众对与自己接近的新闻产生集中注意，使其处于一种认同的心理状态。同时，受众的经验积累越丰厚，“知觉定式”就越显著，认同心理状态就越活跃，接受倾向也就越集中。这也是新闻传者在新闻传播过程中注意新闻的接近性的原因所在。因此，要得到比较好的传播效果，传播者必须注意、了解自己受众群的“知觉定式”。

（2）求新。受众在接受过程中，总是要求获得“新”的信息。从本质上讲，求新是受众不断追求心理需要满足的一种表现。受众之所以喜欢从各类媒体上获取新闻，其中一个重要的原因就是想知道社会生活中新近发生的新闻事实，以便适时地进行自我调节，求得自我适应于社会。这种动机与状态在心理学中称之为“事实性动机”。在通常情况下，如果人们处于安全确定的情境，即无新奇、无风险、无挑战的环境中，是极少能够引起兴趣的，处于“体内平衡”的状态，而“事实性动机”可以使人们形成情绪的“体内失衡的状态”，并转化为人们求新的心理动力。在新闻传播过程中，求新使受众接受新闻时始终保持一种活跃的精神状态，同时，也成为新闻传播活动生存、发展的现实的强大动力。

（3）共振。共振指的是受众在接受新闻过程中，对某些新闻容易产生情绪上的共鸣。新闻传播过程中出现的所谓“轰动效应”，就是这种共振情绪的具体表现。在新闻传播中，共振所表现出的心理特征是一种“共同注意”的集体指向，是一种情绪的共鸣与集中发散，是受众的情绪的凝结和宣泄。

新闻传播所触及的“热点”即受众共同关切的问题，新闻传播绝不能忽视报道社会生活中的各种“热点”，只有这样，才能收到良好的传播效果。但是，这种共振可以指向积极的目标，也可以指向消极的目标。因此，如何掌握“热点”问题报道的时机、分寸、内容的选择、形式的运用，都是新闻媒体必须予以认真考虑与处理的问题。

从受众对新闻的接受而言，认同是基础，认同中包含着求新心理的内在要求；求新心理则是一种新的认同的表现，一旦认同，求新心理专注到某些问题上，就会出现接受过程中的共振现象。这种情绪共振又以认同和求新心理满足为前提条件。因此，在新闻传播过程中，对于传者来说，最重要的应该及时地传播与受众接近并为人关注的新鲜事实，这才可能形成比较稳定的受众群，并使其保持接受心理的活跃状态，从而达到最佳的传播效果。

（五）受众的社会控制

受众对新闻传播的社会控制主要以“前馈”和“反馈”的形式进行。所谓“前馈”就是受众在信息传递前对传播组织提出的要求。所谓“反馈”就是受众对信息传播的反应，以及传播组织依此相应地进行调节。反馈和前馈的形式主要是受众通过来信、来电、来访，直接表达受众对大众传媒的各种意见和批评，以及受众通过报纸订阅率、广播收听率、电视收视率、网络媒体的点击率等显示自己对传播的意见。另外，传播组织也通过其他形式，如对受众进行调查、开座谈会等收集受众的意见。具体而言，有以下几种反馈类型：

第一，典型性反馈。受众为数众多，传播者采用科学的方法选择其中具有代表性的反馈信息作为全体受众的反应，这种具有代表性、典型性的并经过科学方法处理的反馈称典型反馈。一些受众的来信或其他形式的反应，经过调查、统计、信息处理具有一定代表性，因而会受到传播者的注意，并根据反馈的信息采取相应的措施。

第二，累积性反馈。传播者往往将一段时期以来各种渠道的反馈积累起来，经过研究后再做出反应，特别是公众对于传播内容的意见和要求，延迟性的累积反馈更为常见。

第三，量化性反馈。在大众传播中，大部分反馈信息都是以定量化的形式收集和测定的。定量化形式包括电影的票房收入、广播电视节目的收听、收视率、唱片及书籍的销售量等。大众传播的反馈需要由具有相应规模的专门机构来收集、分析和研究。这种反馈形式也称为间接性反馈，对于反馈信息的获得，除了受众主动采取的来信、来电、来访等方式外，一般还采用个人访谈法、电话访问、日志法，以及机械装置法等。

（六）新闻媒介的受众定位

新闻媒介的受众定位具体指新闻媒介明确自身目标受众人群，并以该人群的信息需求为标准进行信息传播的理念和行为。

1. 新闻媒介受众定位

媒介受众定位因标准的不同，呈现出的类型亦各异。按照受众接触的媒介类别，可以划分为报纸读者、广播听众、电视观众、网络受众等；以接触媒介的频率而言，可以分为稳定受众和不稳定受众，其中，稳定受众是各个媒体的重点争取对象：从受众对信息需求的指向性的清晰程度，以及接触新闻媒介的确定性而言，可将受众分为现实受众和潜在受众；按照新闻媒介明确的传播对象，可以分为核心受众和边缘受众。

2. 新闻媒介受众定位的考量因素

新闻媒介的受众定位就是解决向“谁”传播的问题，即确定媒介整体及其所设具体栏目明确的传播对象，具体包括一家媒体的整体受众定位和各个版面、频道、栏目的特定受众定位两方面内容。作为媒介经营策划的两大支点，媒介的功能定位主要着眼于媒介性质，而新闻媒介的受众定位是传播活动的起点和归宿，受众定位最终决定着媒介传播的成败得失。

新闻媒介的受众定位最关键的步骤，就是在正确定位的原则指导下，确定核心受众群，具体实施过程应考虑受众的区域要素职业和身份要素、年龄要素、文化程度要素等几个方面。

第四节　新闻传播的价值与实现

一、新闻价值的内涵

（一）新闻价值的定义

自新闻事业产生以来，新闻媒体就面临着这样的矛盾：一是无限的事实与有限的传播能力的矛盾。大千世界每时每刻发生着无数的事实，但在一定的时间和空间中，新闻传播的渠道和容量却是有限的，因此，新闻媒体只能选择部分事实公开传播，这就有一个按什么标准选择事实的问题。随着传播技术的不断发展，即使是在新闻传播渠道和容量增加的情况下，新闻媒体也不可能“有闻必录”，而需要根据一定的标准对新闻事实进行选择。二是新闻媒体的选择怎样才能同社会与公众的需要相吻合，为他们所接受。新闻媒体的一个基本特征就是要面向社会与公众，要求争取尽可能多的受众作为自己的传播对象，以便获得生存和发展的条件。但是，受众的情况是复杂多样的，他们分属不同的阶级和阶层，社会地位、文化水平、性别、年龄和爱好等有较大差别，他们的需求又是多元的。在众口难调的情况下，新闻媒体只能挑选那些能满足社会与公众共同需要的事实进行传播，才能吸引更多的受众，发挥新闻媒体的影响力。新闻工作者根据长期工作实践所积累的经验，总结出选择什么样的事实才能成为新闻的具体标准，并将这些具体标准进行概括整理，逐渐形成据以衡量、取舍事实的新闻价值观。

社会主义新闻价值观是以马克思主义新闻观为指导，吸收西方新闻价值理论的有益成果，密切联系新闻工作实际，经过不断探索研究而逐步形成的。我国关于新闻价值的定义有很多，归纳起来，主要有“素质说”“标准说”“功能说”和“源流说”四种。“素质说”认为，新闻价值是指事实包含的足以构成新闻的各种素质的总和。“标准说”认为，新闻价值是新闻工作者和新闻媒体用以衡量新闻的标准。“功能说”主张新闻价值是新闻传播后最终所能取得的社会效果。“源流说”把新闻价值分为“源”和“流”，即由新闻价值因素和新闻价值表现两方面构成。新闻价值因素指事实能成为新闻的一般因素。新闻价值表现包括三个方面：编辑、记者对事实的选定情况，受众对新闻的关注程度以及最终取得的社会效果。上述观点分别从不同角度对新闻价值内涵进行了分析，“素质说”主要强调新闻事实，“标准说”主要强调传播者，“功能说”主要强调受众，“源流说”把三者综合起来进行考察。这些观点分别具有一定的参考价值。

笔者认为，新闻价值可以定义为：新闻价值是事实所具有的、能满足社会与公众对新闻需要的要素的总和。

新闻价值的本源是客观事实所具有的某些特征，这些特征是以能满足社会与公众需要的要素表现出来的。从表现来说，新闻价值通过受众的主观感受来体现，具有主观性，但任何主观感受都离不开客观事实，都是客观存在的反映。不同的受众各有所求，但也存在着共同的需要。无论是个人，还是政党、政府等社会组织，都希望在第一时间了解世界变化的最新动态，以趋利避害，决定行止，这就决定了对某一类“事实”的共同需求。对这些共同需求进行抽象概括，就形成了对新闻价值一般要素的理性认识。新闻价值一般要素是从社会与公众所需要的事实中概括出来的共性。

新闻价值的高低取决于社会与公众对新闻价值要素满足需要的程度的评价。一个事实发生了，它是否具有新闻价值？新闻价值有多大？对它的判断，首先要靠新闻工作者的预测。由于新闻报道在前，受众接受在后，新闻工作者的预测虽然是以过去长期积累的经验或对受众需要做过的调查为依据，但也不能完全保证预测的准确性。因此，社会与公众的评价尤为重要。只有当新闻工作者对新闻价值的预测同社会与公众的需要充分吻合时，新闻价值才能完美地实现。从这个意义上说，新闻价值的实现是由传播者和受众共同完成的。

（二）新闻价值的一般要素

1. 新鲜性

新鲜性有两层含义，一是指事实在时间上的“新近”，二是指事实在内容上的“新鲜”。事实发生的时间越近，新闻价值越高；内容越新，新闻价值也越高。新鲜性必不可少，但又是相对的。就时间上的“新”而言，电视、广播、网络等媒体可以做到“实时传播”，对“新”的要求比报纸和新闻期刊要高一些；内容上的“新”，是在不断变化的，今天的“新”，明天可能就成“旧”，而且它总是相对于特定的传播背景而言，在某些地区已是比较成熟的经验，在其他地区又可能是具有新鲜性的新闻。

2. 重要性

重要性指事实所具有的社会意义和大多数人关注的重要程度，即事实具有涉及面广、影响力大的性质。一般说来，凡对自然环境和人类生活有重大影响的、与人民群众利益紧密相关的事实都具有重要性。2022 年北京冬季奥林匹克运动会的举办、中国共产党第二十次全国代表大会的召开等事实，显然具有重要性。有些事实虽然不是什么“大事”，但由于和人民生活息息相关，影响面大，也具有重要性。比如，冰雪随气温升高而融解，本是普通自然现象，但是，北极的冰开始大面积消融，逐渐抬升海平面，影响到气候变化和人类生存，就成为人们普遍关心的事实，把它与公众利益相关联的有关景象和数据呈现出来，就成为有价值的新闻。

3. 显著性

显著性指事实能引起大多数人关注的程度。显著性同新闻事实涉及的人物，社会组织、地区的知名度有关。在实际生活中，那些与政界要人、商界名流、娱乐明星等公众人物相关的事实，一般具有显著性；同某些特殊的地点、建筑物或以往著名事件相联系的事实也具有显著性。显著性和重要性既有联系又有区别。一般说来，具有重要性的事实往往具有显著性，但具有显著性的事实不一定具有重要性。有关娱乐明星私生活的信息，虽然有些人感兴趣，具有一定的显著性，但对社会生活的总体而言，它的重要性就很小，甚至可以说没有什么社会意义。

4. 接近性

接近性指事实在地理上和心理上与受众接近的程度。接近性最常见的表现是地理上的接近，人们对离自己或亲戚朋友工作和生活所在地越近的事实越是关注，因为这些事实对人们实际生活的影响更大。接近性的另一种含义是指心理上的接近，包括人们在年龄、性别、收入、职业、信仰、爱好、利益等方面的相近相似，具有心理接近因素的事实更能在社会类型相似的人群中引起共鸣。

5. 趣味性

趣味性的含义非常广，指新闻事件具有新奇、反常、巧合、感染性、有趣、怡情等性质。趣味性基于人们的好奇心，追求乐趣和人情味的心理。

判断新闻事实是否具有新闻价值，在上述的五个要素中，新鲜性是必备的，其他要素可多可少。新闻事实具有的要素越多，所含要素的程度越高，新闻价值就越大，也就越能成为一条特别受人们关注的新闻。新闻价值所强调的“要素的总和”，并不是各个一般要素的简单相加，而需要根据不同的事实，针对社会与公众的不同需求进行综合的衡量和判断。新闻价值一般是由多种价值要素构成的，每一种要素都有自己特殊的内涵，不能相互取代。同一事实往往兼具多种新闻价值要素，有的事实既具有重要性，又具有显著性和接近性，或既有显著性，又有趣味性。有的事实则同时兼具新鲜性、重要性、显著性、接近性和趣味性，新闻媒体可从不同的角度进行全方位的报道。但是，同一事实所包含的各种新闻价值要素的分量并不是一样的，因此，对这些新闻价值的一般要素应分清主次，不能等量齐观。

（三）新闻价值的客观性

新闻价值的客观性主要表现在三个方面。首先，新闻事实及价值要素是客观的。

新闻价值要素来源于事实，事实是什么性质，所报道的新闻就应当是什么性质，不能把主观意愿强加到事实上。其次，社会与受众的新闻需要具有客观性。社会与受众的需要是在社会生活和生产实践中产生的，不是来自空想。公众乐于接受的是蕴含新鲜、重要、显著、接近、趣味性质的事实，这是他们的客观需求。最后，社会与公众对新闻价值的检验是客观的。新闻价值最终要通过社会实践来检验，实践是检验新闻价值的“试金石”。新闻价值的大小取决于满足社会与公众需要的程度和取得的社会效果。

新闻价值的客观性要求新闻工作者在新闻实践中，要尊重客观事实，不能凭主观意愿或是屈从于某种压力，臆造、拔高或增减事实的新闻价值；要重视并努力满足社会与公众的客观需要；要认真听取受众的反馈意见，重视客观效果的检验，不断提高新闻报道的质量，增强报道的吸引力和影响力。

新闻价值存在于客观事实之中，但对新闻价值的认识和判断却是新闻报道者的主观行为。从新闻报道的时序看，总是新闻报道在前，社会效果产生在后，在判断某一事实是否具有新闻价值或新闻价值的大小时，除了要看客观事实所包含的新闻价值要素外，还要看新闻媒体的政治立场和新闻工作者的政治水平、业务素质等因素。新闻工作者应当在正确反映客观事实的基础上，发挥主观能动性，力求实现新闻价值最大化。

在新闻工作实践中，由于对新闻价值的认识和判断不同，因而在报道同一事实时会出现较大差异，有时甚至相反。对新闻价值的判断是影响新闻报道的最重要的因素之一。当然，由于新闻媒体的性质、定位，接受对象、宣传重点，表现形式的不同，对新闻价值的判断也会存在较明显的差异，如党报党刊和都市类报刊对新闻价值的判断就不可能完全相同。

新闻工作者对新闻价值的判断取决于自身的价值观和工作经验的积累，同时也基于对社会与公众的新闻需要的预估，而这种预估既有可能是正确的，也有可能存在偏差。新闻工作者虽然力求满足社会与公众对新闻价值的客观要求，但由于报道者和受众所处的地位不同，在选择和反映事实时，对新闻价值的把握仍然可能出现差异。因此，当新闻工作者把新闻价值作为取舍、选择事实的标准时，一方面要重视事实中是否包含新闻价值的一般要素，各种要素的比重如何；另一方面要认真研究社会与公众的需要，力争做到两者最大限度的吻合。

对新闻价值的认识不能陷入唯心主义的泥潭，把它看作是可以随意揉捏的面团。同时，对新闻价值的把握又不能是机械的。在新闻传播活动中，根据新闻价值的大小决定对事实的取舍仅仅是其中一个重要的环节，新闻价值总要受到一定社会政治、经济和文化的制约。新闻价值的实现应遵循新闻传播的一般规律，并根据不同国家、民族和地区的特点，进行全面的思考。在综合判断新闻价值时，不能孤立地注意其信息价值，还应充分注意其宣传价值和文化教育价值。

二、新闻传播价值的实现

（一）构建新闻传播价值最大化评价标准体系

新闻传播价值主体指的是新闻传播过程中的双重主体——传播主体和接受主体，就是新闻传播者和受众；新闻传播价值客体指与传播主体或接受主体确立了价值关系的新闻事实或新闻文本。“效应价值论”是新闻传播价值最大化理论的基础，新闻效应越大意味着新闻传播价值越大。新闻传播价值实现的层次有三个：表层新闻价值、内层新闻价值、深层新闻价值，而三层一体得全值。追求新闻传播价值最大化应重点考虑新闻给自身带来的社会效益和经济效益。

追求新闻传播价值最大化至少要解决四个问题：是否找到了传媒自身标准里最有价值的新闻？新闻资源是否得到最大限度的开发利用？新闻的传播方式是否充分表现了新闻价值？新闻通过传播是否达到应有的效应？

（二）探索、创造新闻传播价值最大化实现方式

新闻的六要素——5个“W”和1个“H”是新闻传播的6个基本要素①，新闻传播还有特殊要素，比如策划整合、引经据典、文学手法、创新模式、个性语言等。要将基本要素和特殊要素结合起来，探索、创造新闻传播价值最大化实现方式，不浪费题材。中外许多新闻经典篇章都是有意或无意地追求新闻传播价值最大化的结果。

第一，以报道“神速”取胜。新闻讲究兵贵神速，拼抢新闻是新闻传播的第一要义。第二，以新闻角度刁钻取胜。最佳新闻角度标准在于从最广大受众的共同兴趣出发选择新闻角度，从报道新闻的最佳部位切入，于同中见异，不落窠臼，独步一时。第三，以新闻策划取胜。策划是以新闻价值最大化为主要目标的。厚报时代，新闻策划是最大限度整合、开发新闻资源，实现新闻传播价值最大化的有效手段，是现代传媒竞争的通用武器。第四，以新闻创新取胜。绝大多数名记者都是新闻创新的高手。创新既可以是内容创新，也可以是形式创新。内容的创新主要表现为报道领域的开

---

① 5个“W”和1个“H”：What，何事？Who，何人？When，何时？Where，何地？Why，何故？How，怎么样？

拓；形式创新包括创体、创格、创语。创体或创式，就是新创一种体裁，如采访札记、专题组合、个人经历报道等。在以上论述中所列举的引起轰动的新闻作品，一方面得益于新闻报道者付出的巨大劳动，另一方面也因为新闻作品得到了公众的喜爱和接受。一条新闻如果能够激发受众更广泛、更深入地参与事件或讨论，或做出相应的反应，让受众从一般的百姓变成关心社会、关心国家大事、关心公共事务的公众，这样的新闻才是价值更大的。

在传播过程中，受众对于新闻的关注程度，直接制约着新闻传播者。虽然传播者可以通过报道新闻安排受众的议程，分配受众的注意力，但是这要以传播内容符合受众需求为前提。报道内容一定要是受众未知且须知的，否则受众不会接受新闻信息，在市场经济条件下，这样的新闻产品就无法推销出去，完成传播使命。这就要求传播者重视受众选择新闻的标准，深入了解受众的心理需求，共同实现新闻传播价值的最大化效应。

新闻传播价值最大化理论在微观上利于推动新闻写作，宏观上对传媒发展具有实践意义，因为传媒的核心竞争力在于新闻传播价值。最好的传媒是由一件件最有价值的新闻组合，支撑起来的。新闻价值最大化成就了传媒价值最大化。

第三章　基于媒介融合的新闻传播变革

第一节　媒介融合下的传播效果

一、传播效果概述

传播效果是所有传播活动的目的地，也是传播领域中与实践联系最为紧密的问题所在。传播活动的效果如何，为了达到更高的传播效果应该注重怎样的传播技巧，一直是理论界与实务界都热衷讨论的问题。

传播效果研究是由美国的著名政治家、传播学者哈罗德·拉斯韦尔于1948年提出的，在其著名的5W传播模式中占据着重要地位。自此之后，效果研究一直成为西方大众传播研究的主流议题。

（一）传播效果的含义

所谓效果，指的是人的行为产生的有效结果。传播效果可以理解为传者的意图和目的实现的程序。就大众传播而言，传播效果可以表述为大众传播能使人们的态度、行为发生多大的变化。从媒介角度出发，媒介效果是指大众媒介运用或者形成的结果或后果，无论是有意或无意的，媒介效果可以从不同的社会分析层次来看待。在传播研究领域，传播效果这一概念具有双重特征：第一，它指带有说服动机的传播行为在受传者身上引起的心理、态度和行为的变化；第二，它指传播活动尤其是报刊、广播、电视等大众传播媒介的活动对受传者和社会所产生的一切影响和结果的总体。

传播效果是一个多维概念，可以依照效果发生的逻辑顺序或表现阶段将其分为认知层面、心理和态度层面以及行动层面三个维度。具体到综合、宏观的社会传播过程中，这三个维度的具体呈现方式就是环境认知效果、价值形成与维护效果以及社会行为示范效果。

深入了解传播效果，对传播运作具有重要意义。第一，可以提供传播运行效果的反馈信息，帮助传播者确定或修改下一个阶段的传播方案；第二，传播效果评估的反馈信息可以为媒体提供借鉴，便于其制定正确的传播计划，少走弯路；第三，传播效果评估可以对传播信息中的个体对象进行检验，提升传播的总体效果。

（二）传播效果的特征

效果研究本质上处理的是现代社会系统中大众媒介作为社会建制或社会中介与社会中的“人”之间的互动关系，而且对这种关系的处理很大程度上是以对“受众”（本质上首先是社会中的“人”）的认识视角的转换和革新来实现的。具体到最引人注目的大众传播领域，效果研究可以包括诸多分类维度。

微观与宏观：可能是考察媒介对个人的心理或行为的影响，也可能是考察媒介对更高层次的社会单位、社会关系或社会结构的影响。

变化与稳定：两者的区别在于效果的形式，它可能是改变已有状况，也可能是稳固现有状况。

累积与非累积：媒介的效果可能是短暂的，稍纵即逝的，也有可能积存于系统，由少积多、由小积大。

短期与长期：效果可能在媒介接触后即刻产生，但属昙花一现，也有可能孕育良久后才出现，后经久不衰。

态度、认知、行为：媒介效果可能发生在各个领域，无论是对于个人还是社会集合体。

离散一般型与内容具体型：媒介的效果可能源自媒介的存在，媒介再现的一般特征，也可以源自某一具体的媒介讯息，如某一条新闻或某一集电视连续剧。

直接效果与条件性效果：这个区别强调媒介效果的产生形态，媒介可能直接影响某具体变量，也可能在特定条件下才会影响到该具体变量。

二、传播效果研究的发展

1948 年，传播学奠基人拉斯韦尔在《社会传播的结构与功能》中明确提出传播过程的五个基本构成要素，即谁、说什么、通过何种渠道、对谁说、取得什么效果。自此，传播效果研究开始作为传播研究的重要领域得到不断发展，并对广告效果研究产生了极大的推动作用。我们可以以时间为序，分强力效果阶段、有限效果阶段和有条件的强力效果阶段来回顾传播效果研究。

（一）强力效果阶段

20 世纪初至 20 世纪 30 年代末的传播效果研究，极为强调大众媒介的传播活动对受众的影响力。1928 年，为了回应电影如何影响儿童这一广受关注的问会题，一个名为佩恩基金会的私人基金资助了一批效果研究，这是第一次以科学的手段对媒介影响进行系统的研究。佩恩基金研究项目推出了一系列效果研究结论，对发展媒介效果功不可没。佩恩基金研究项目的研究结论促成恐惧后遗症的确立——人们广泛相信媒介是很危险的，媒介信息效果会歪曲和扰乱正常的社会秩序。

如果说佩恩基金研究项目只是为强力效果阶段开启了一扇窗，那么火星入侵事件就在更显著的意义上影响了社会大众对媒介效果的感知。1938 年 10 月 30 日晚间，哥伦比亚广播公司《太空剧场》栏目播出了一个由科幻小说改编的广播剧《世界大战》，结果在公众中掀起了前所未有的恐慌，数以百万计的听众都对广播剧情节信以为真，以为地球真的受到了火星人的进攻并在惊慌之下采取了各种举措。由传播学学者阿尔伯特·H. 坎特里尔领衔的研究小组对这一事件进行了研究，并认为媒介能在观众中引起广泛、强烈的反响，也指明可以运用个性种类和人口变量来预测媒介效果。

佩恩基金研究项目和火星入侵事件直接导致了“魔弹论”在彼时的流传，该观点的核心内容为：传播媒介拥有难以阻挡的力量，其所传播的信息引发受众直接而迅速的反应，就像子弹击中躯体、药剂注入皮肤一般。也就是说，传播媒介可以左右受众的意见甚至支配他们的行动。显然，这样的观点有些失之于极端和偏颇，过分强调媒介的传播效应而忽略了受众的能动性。“魔弹论”的观点虽然后来为传播学界所修正，但是在相当长的时间内都对人们如何认识传播效果具有一定影响。

（二）有限效果阶段

当强力效果论的缺陷不断为各方察觉之后，传播效果研究的主流观点开始摆向有限效果论。有限效果论的代表性观点包括“传播流”理论、选择性接触理论和使用与满足理论等。著名社会学家、传播学奠基人拉扎斯菲尔德等人在对 1940 年美国总统大选过程中的竞选宣传进行研究后发现，尽管竞选双方均想尽办法利用大众媒介进行大量宣传，但是仍然只有 8%的选民因为媒介宣传而更改了自己的投票意向。此外，这些改变投票意向的投票者还进一步宣称，导致自己改变投票意向的原因更多是家人或朋友的影响而非竞选宣传，这即是“传播流”理论的发轫。自此，研究者们开始更多地关注传播信息在流向受众前所经过的各种中间环节。研究者们总结到，大众传播对不同人会起到不同作用，对于那些对相关问题已经具备一定认知的受众，大众传播可以强化其原有认知；而对于那些未曾建立认知的受众，大众传播的功能更多是帮助他们建立起相关认知。

选择性接触理论则认为，媒介在向受众传递了与其认知相一致的信息时，也会传递大量认知不一致的信息。在此情况下，受众倾向于选择接触与自己既有认知相一致的信息，而对那些与自己既有认知不一致的信息，则会选择回避或者按自己期望的方向对其进行解释。类似的现象同样会发生在受众的记忆过程之中。

1974 年，卡兹等人提出使用与满足理论，该理论的主要内容为：受众接触媒介的目的是满足自身的特定需求；媒介接触行为的发生需要媒介接触的可能性及媒介印象两个前提条件；受众将选择能满足自身需要的媒介进行接触；接触的结果分为需求得到满足或未满足两种；接触结果还将进一步影响到受众日后的媒介接触行为。

虽然有限效果阶段各个代表性理论的内容及侧重点有所不一，但基本立场却非常一致：媒介传播在受众面前并不再是效力无边，相反却要受到受众、传播环节、现实条件等各种因素的制约。即便是对于那些经过精心制作和投放的传播信息，在重重限制条件之下，也难以对受众的态度或行为造成太多实质性影响。有限效果论是对强力效果论的一种修正，但这种修正不免有矫枉过正之嫌。这种对于媒介效果偏于悲观的立场也不可避免地影响到了人们对传播效果的客观评价。

（三）有条件的强力效果阶段

强力效果论对媒介效果过于夸大，而有限效果论又显得过于悲观，这两种极端性的观点都不利于我们真实把握媒介效果的作用机理。所以，在 20 世纪 70 年代之后，研究者们又开始对有限效果阶段的各种代表性理论进行了反思与批判。在对有限效果论进行修正的基础上，研究者们扩大了传播效果研究的视野和关注因素，开始将效果研究置于更广的社会领域中。自此，一些在大众传播领域产生广泛影响的效果理论开始出现，比如议程设置理论、沉默的螺旋理论、涵化理论和知沟理论等。

议程设置理论认为：大众媒介有为观众设置“议事日程”的功能，对于大众媒介反复报道的内容，受众会倾向于认为其重要性较高。所以，公众对社会的认识在事实上会受到大众传媒选择的影响。也就是说，公众对于社会环境和秩序的认知很可能来自大众传媒的建构。议程设置理论的突破点在于，它从考察大众传媒在人们的环境认知过程中的作用入手，重新解释了大众传播的有力影响，对效果研究摆脱有限效果论的影响起到了很大作用。

1974 年，德国学者伊丽莎白·诺埃尔-诺依曼提出了沉默的螺旋理论，借此提出了一种强力的大众传播效果观，对有限效果论进行了纠正。沉默的螺旋理论认为：舆论的形成是大众传播、人际传播和人们对意见环境的认知三者间相互作用的结果；而经过大众传媒提示的意见因具有公开性和传播的优势性更容易为受众当作优势意见认知。而且这种认知所带来的压力或安全感，会进一步引起劣势意见的沉默和优势意见的大声疾呼的螺旋式扩展过程，并最终导致多数意见即舆论的产生。由此可见，沉默的螺旋理论强调了大众传播具有强大的社会效果和影响，这种影响不仅仅限于受众的认知层面，而且包括了从认知到判断再到意见的全过程。该理论指出，不论传媒提示的是多数或者少数意见，都会引起螺旋式的连锁反应。从这个意义上来看，大众传媒已经具备了“创造社会现实”的强大力量。

涵化理论又被称为培养理论，相关研究由美国宾夕法尼亚大学教授乔治·格伯纳在20世纪60年代后期开展，最初目的是为了探讨美国社会的暴力和犯罪问题的对策。涵化理论认为，人们对社会的共同认知是由大众媒介来承担的，媒介可以在很大程度上影响社会成员对社会现实的认知。也就是说，大众传媒通过新闻报道、娱乐节目等形式将媒介信息传达给受众，并在这个过程中输送某些特定的价值和意识形态倾向，受众则由此在潜移默化中形成了自己对“客观真实”的认识。但是这种“客观真实”在部分程度上是由媒介营造的，所以，人们对媒介的接触越多，则这种“客观真实”与现实世界之间出现的偏差可能就越大。

知沟理论由美国传播学家蒂奇诺等人在1970年提出，该理论指出，由于社会经济地位高者通常比社会地位低者更快获得信息，因此大众媒介传播的信息越多，则社会经济地位高者与低者之间的知识鸿沟就越有扩大的趋势。根据知沟理论，来自不同社会阶层的受众在媒介接触机会和信息获取能力方面很可能存在很大差异，知沟理论获得了不少研究者的支持。特别是当互联网等新媒体出现之后，由于其对受众在媒介知识方面的要求更高，就使得知沟以“数字鸿沟”的形式表现出来，并呈愈演愈烈之势。

上述议程设置理论等有条件的强力效果论，均在不同层面重新肯定了媒介传播特别是大众媒介的效果。至此，效果研究一扫有限效果阶段的悲观情绪，研究者们亦开始从不同角度着手，找寻提升媒介效果的各种方法和技巧。这些研究对我们更好地理解传播效果的发生机制，以及因势利导追求传播效益的最大化提供了非常有益的借鉴。

三、媒介融合背景下的传播效果评估

媒介融合背景下，传播活动的复杂性和精密度都在不断提升。同一传播活动将普遍运用多种媒体，并会更加强调信息在不同媒体间的配合与互动，这就为既有的传播效果评估手段提出了一系列新挑战。对于这种新变化当然也无须全面悲观，挑战的另一面是机遇，我们必须在传播效果评估的理念层面和技术层面同时进行新的革新，只有这样才能发挥效果评估的应有功效，进一步提升传播活动的效力。

（一）评估指标体系的确立

在传统的媒体传播情境中，当人们考虑应该用何种指标来评估传播效果时，往往是将媒体类型作为衡量标准或者分类单位。不同类别的媒体信息，对应着不同的效果评估指标。对于电视和广播之类的传统性电波媒体，业内最常用到的效果评估指标包括覆盖率、收视率、到达率、毛评点以及千人成本等；对于以报刊为代表的平面媒体，实际操作中用的比较多的主要有发行量、阅读率和阅读指数等；面对势头正猛的网络媒体，人们则倾向于整合电视、平面等多种传统广告媒体的评价方法，并在继续摸索创新，目前在实践中常用的指标包括点击率、广告曝光量、行为转化率等；而对于实际传播效果得到不断肯定的户外媒体信息，业内在评估其广告效果时主要用到的指标包括到达率、到达频率、每日有效受众人数、千人成本等。

在媒介融合背景下，一次信息传播很可能要同时涉及多种媒体，而受众也常常会通过不同媒体接受关于同一对象的不同维度的传播信息。信息源的多元化进一步导致了传播信息的丰富化，按照传统的依照媒体类型分别衡量信息效果的方式显然已不可行。一种更为可行的方法是，重新回到信息传播的本质规律，把效果评估出发点从媒体变为受众或用户，以受众注意力为切入口找寻不同媒体传播特性中的同类项，从而打造一套更为可行且涵盖面更广的传播效果评估的指标体系。

通常传播效果分为传播效果、心理效果和行为效果三个层面。在每一个层面，都可以选择最具代表性的效果测量指标。此外，从方便操作的角度考虑，传播效果评估的指标体系可以从量化指标以及质化指标这两个维度来进行构建。

1. 量化指标的选择

媒介融合情境下，媒介传播计划往往会涉及若干家不同类别的媒体。在各类媒体特性各不一样、效果评估指标也不尽相同的情况下，如何选择合适的量化指标从而对传播效果进行高效的整体评估呢？按照具体传播实施方法的不同特征，我们可以选择代表性方式与单列性方式来进行操作。

（1）代表性方式。当媒介传播计划涉及多种媒体，但是重要信息主要集中在某一类媒体的情况下，可以采用代表性方式。比如某个传播计划，需要将绝大部分的传播资源投放到网络媒体上，而只是将余下的少部分资源分别投放到电视、户外和报纸媒体时，为了操作的方便性，我们在构建效果评估体系时就可以选择注目率和点击率等适用于网络广告效果评估的指标为主，并且选择将其他媒体效果转换成主要指标来统一计算。也就是说，在衡量电视、户外和报纸媒体等次要媒介信息的传播效果时，可以采用加权折算的方式，将收视率、到达率和阅读率等指标换算成注目率和点击率等指标。这样，就能以一套相对统一的指标体系衡量不同媒体信息的传播效果。虽然换算过程中会出现一些精度损失，但由于投入其他媒体的传播资源并不占优势，通常也不会对整体评估结论的准确性产生太大影响。

（2）单列性方式。当媒体传播计划涉及多种媒体，而传播资源的分配在各个媒体上都势均力敌的情况下，则宜于采用单列性方式进行指标构建。比如某个传播计划，需要同时用到网络、电视、户外和报纸媒体，且传播资源投放力度都大致相当。这种情况下，为了保障效果评估的精确度，就需要单独计算各类媒体的广告传播效果，并且根据媒体类别为其选择不同的效果评估指标。比如为网络信息选择注目率、点击率和销售转化率等指标，而为电视媒体信息选择收视率、到达率和千人成本等指标。在分别完成各类媒体信息的效果评估之后，才能对传播计划的整体效果进行评估。

2. 质化指标的选择

到达率等传统量化指标对于评估传播效果而言不可或缺，然而其主要考量到的是受众是否接收信息，而没有考虑到受众对于信源（不同媒体）的认知状态会影响到他对信息的解读。由此，要合理衡量媒体的信息传播效果，还需要质化指标的参与。传统的质化指标包括再认率和回忆率等，再认率考察受众在特定时间段之内是否能再次识别出之前接触的媒介信息，而回忆率则是在无提示状态下考察受众对已接触媒介信息的记忆水平。因为测量方法简便易行，对再认率和回忆率的使用目前已经较为普遍。但是再认率和回忆率所能提供的信息相对有限，所以，我们还需要对受众信息接触过程中的卷入度投入更多关注。

卷入度为著名传播学者麦克卢汉所首次使用，按其说法，听觉就是属于高清晰度和低卷入度的热媒介。此后广告学者克鲁格曼将卷入度的概念导入至广告媒体研究领域，并得到传播学者的广泛认可。所谓卷入度，指个体注意到事件的重要程度与处理的深度。具体说来，卷入度可以分为情境卷入度、持续卷入度和反应卷入度三种类别。情境卷入度指个人在特定时间里对信息对象的卷入度；持续卷入度指个人以前对某一对象所具有的卷入程度；反应卷入度指个人在信息收集过程和决策过程中所具有的一时性的、复杂的卷入程度。

卷入度的导入在当前的媒介融合环境下显得尤为重要。以电视观看行为为例，由于手机、平板电脑等手持设备的普及以及受众对移动互联网的依赖，人们在观看电视的同时往往会将部分甚至更多精力投入到手持终端。也就是说，电视的开机并不意味着电视信息的成功到达，虽然同样贡献着收视率，但现在的收视质量较以前可能大大降低。在传播效果评估的过程中加入对受众卷入度的测量，就意味着可以给传播效果的广度乘上一个效度系数，可以大大提高效果评估的准确度。在现有实践中，卷入度的测量主要通过问卷形式完成，在成本限制不高的情况下还可以利用仪器测量法完成。

此外，从评估的便利性与经济性方面来考虑，我们还可以运用专家判断法等方式来对广告效果进行质化评估。具体而言，可以邀请若干名在广告投放方面具有丰富经验的专家，向其展示整个投放的方案及其他相关设想，由专家们按照自身经验从传播效果、心理效果和行为效果等角度对投放方案的整体效果进行预估。专家判断的评估方法胜在可操作性强且成本较低，但在评估的精度方面存在缺陷，受个人主观偏好影响过大。

总的来说，相对于种类纷繁的量化指标，目前传播领域对于传播效果评估质化指标的研究和实践均有待进一步提升。

（二）传播效果评估的具体方法

用于传播效果评估的具体方法虽然有很多，但大致可以将其分为内容分析法、观察法、调查法和实验法四类。四种方法各有利弊，这里只对其进行简要介绍，如果需要深入了解可以查询社会研究方法方面的专业书籍。

1. 内容分析法

顾名思义，内容分析法是一种通过对传播内容进行系统分析以评估传播效果的方法，它可以运用到几乎所有的传播行为当中。传播学者贝雷尔森这样定义内容分析法："内容分析是一种研究方法，它客观、系统和定量地描述传播的显性内容。"① 相对于传播效果研究的其他方法，内容分析是唯一一个兴起于传播领域之内的方法，对其的最早运用可以追溯至传播学奠基人拉斯韦尔的著作《世界大战中的宣传技巧》。

从定义可以看出，内容分析的基本特征是客观、系统和定量。所谓客观性，指在内容分析的过程中，研究者必须选择客观存在的传播内容作为分析对象，同时还需要依照确定的评价标准或单位对传播内容进行客观分析或计量。系统性则意味着内容分析的范围在理论上应该涵盖所有的研究内容，或者通过科学的抽样方法使得所选取的分析样本足以代表全体研究对象，在方法和过程上保证分析结果的全面性。定量性是内容分析的又一显著特征，内容分析需要通过频数统计、卡方检验、相关分析等统计分析手法对传播内容进行量化的分析，以归纳出相对精准的结论。

2. 观察法

观察法是一种对某种行为或现象进行系统的观察记录以获取所需信息的数据获取方法。在运用观察法对传播效果进行评估时，首先要注意观察法的运用前提：第一，目标信息必须是可观察到的或是可以从观察信息中推断出来的；第二，观察的行为必须是重复出现的、有频率的、按某种方式可以预测的；第三，所观察的行为或现象的持续时间较短。按观察情境，观察法可以分为自然观察和控制观察。而按结构化程度，观察法可以分为结构化观察和非结构化观察。

具体到传播效果评估领域，观察法可以帮助我们了解目标受众的基本特征、户外媒体

---

① ［美］斯帕克斯. 媒介效果研究概论［M］. 何朝阳，王希华，译. 北京：中国人民大学出版社，2013：18.

的人流状况、个体受众对媒介信息的接触特性等。观察法的优势在于其获取的是第一手资料，在数据的真实性和还原性方面独具优势，而且操作起来相对简单灵活，成本不高。其缺点在于可观察对象的范围受到较大限制，一般只能局限于可观察现象，对受众心理变化行为等隐性元素则鞭长莫及。

3. 调查法

调查法是通过让被调查对象直接回应相关问题从而获得资料的方法。在传播效果评估中，研究者经常需要利用调查法获取效果相关资料。常见的用于传播效果评估的调查方法主要有入户访问、拦截访问、电话调查和网络调查等。

入户访问是最为传统的一种调查方式，访问员通过上门拜访被调查对象，向其提出问题并获取答案。入户访问的优点是访问时间相对充裕、信息获取相对详尽。缺点则在于被调查者的安全防范意识越来越强，入户难度越来越高。

拦截访问也叫街头访问，是由调查员在特定的时间地点拦截特定的受访者，并进行现场访问的调查方式。因其具有成本相对较低、便于监控等优点，拦截访问是广告效果评估中相对常用的一种调查方式。不过，拦截访问不宜进行复杂问题的访问，被拒绝率也相对较高。

电话调查是通过电话访问的方式获取相关信息。随着科技的发展，现在的电话调查往往通过 CATI（Computer Assistant Telephone Interview，电脑辅助电话调查）系统进行，在样本获取方面精确度更高、访问过程也更加便于监控。电话调查的缺点主要在于被调查者的拒访率较高、调查所针对的问题不能太复杂等。

随着网络的发展，网络调查的流行程度越来越高。网络调查的成本低、数据获取与分析方便、速度快、可展示信息丰富、不受地域限制，使其受到很多调查者的青睐。目前，问卷星等专业问卷调查网站的出现，进一步推动了网络调查的普及化。不过，网络调查也存在一些局限，比如网络受众相对年轻造成调查样本受限、难以对被调查者的填答过程进行监控、数据真实性难以甄别等。

4. 实验法

实验法是研究者通过控制某一或某几个自变量的变化，然后观察这些自变量对因变量的影响的数据获取方法。其中，自变量是指研究者或实验者控制的变量或因素，也被称为实验变量。因变量则是指试验中所观测的变量。

要通过实验法得到可靠数据，关键在于科学的实验设计。实验设计中的主要步骤包括界定自变量、准备实验材料、控制无关变量、抽取实验被试和测量因变量等。具体的设计取向又包括非正式的实验设计、现场实验设计和正式实验设计等。目前应用越来越广泛的眼动仪等传播效果测量设备，在测量过程中所遵循的也是实验法的理念。

第二节　媒介融合对新闻传播的影响

一、传播者从“术业专攻”到“通才全能”，同时分工细化

随着媒介融合的程度加深，传播者将从过去只需要具备单一媒体的操作技能、术业有专攻的“专才”发展到要求精通数字传播技术、掌握多种媒体采集、编辑、发布技巧的“通才”。在媒介融合的趋势下，能在多媒体集团中整合传播策划的高层次管理人才和能运用多种技术工具的全能型记者编辑是十分紧缺的两种新型人才。尤其是前者，他们必须具备信息内容生产、高新技术应用、发展战略策划等各种素质，用高屋建瓴的视角统筹集团内部多媒体资源的整合共享和交叉互动。对于全能型记者编辑来说，采、编、摄、制作等业务方面的要求越来越高，这些传播者每天既要进行例行的采访工作，根据采访所得的资料给网站写专栏文章，给电视台发去最新的报道，甚至编制一个相应的电视节目，还要给第二天出版的报纸写篇新闻稿。传播者从“术业专攻”到“通才全能”的形态变化，是对整个传播过程的拓展和深化。传播者在生产媒介产品的过程中，扮演多岗位、多职能的生产者角色。记者面对媒介融合的现实，他在为不同媒体写同一事件时，形式和重点必须不同，要懂得分别用文字、音频、视频等多种手段制作出适合某一媒体刊登、发布、播出的内容。对此，美国许多新闻院系都开设了“媒介融合”专业，全面训练新闻业未来的从业者。我们也应该看到，“通才”型新闻人才的培养并不意味着记者总是要身兼数职，而重要的是在媒介融合的背景下，记者应该养成一种多媒体的思维方式，当新闻事实发生后，记者能迅速拟出利用多种媒体手段进行报道的方案。在一些重大新闻事件的报道中，多媒体联合的报道团队将会有更细致的分工与合作，通过团队作战进行报道。

由此可见，媒介融合对于传播者而言并不仅仅是传播技能的多媒体化那么简单，更意味着传播业要根据新闻信息的多媒体采集、生产、发布的需要调整从业人员的定位，并对新闻传播的生产流程进行进一步的细分，以提高传播效率。

二、信息从重复叠加到整合连贯，同时各具特色

在媒介融合提出之前，巨型传媒集团虽然也拥有多个媒体平台，但这些媒体平台往往是各自为政地进行纵向的流水线式经营，其提供给受众的绝大部分是传统的信息密集型的媒介产品，受众从这些媒体中接收到的信息同质化情况严重。而媒介融合将打破单一的传统媒体生产流程，让多个媒体平台承载多媒体内容的生产。例如，在媒介集团中成立独立

的“媒介融合中心”，专门负责对信息资源进行创造性的重组和“研发”，而非简单的信息合并。虽然信息资源的来源与基本内容是共享的，但是最终的媒介产品却是不同的，要针对媒体的不同特点，选择不同报道角度、报道方式，体现媒介本身的个性。

根据受众的需要与满足理论，受众会主动地选择自己所偏爱的和所需要的媒介内容和信息。一个媒介集团可以通过自己的整个媒介产品链，实现信息资源的最优化利用，以更完备的媒介去获得新的受众。

三、渠道从各自为营到互动整合，同时分组多元

传统媒体在渠道建设方面的做法是将更多的精力放在单一媒体的内容传播上，而媒介融合则将视野投射到各个子媒体，获取渠道资源的交叉共享和效益，实现共赢。例如，我国的烟台日报集团通过一个数字化的复合采编系统，将各类媒体的记者所采集到的信息进行集中处理，并经过统筹安排后经由不同的发布端口提供给受众。

在媒介融合实践中，互动与整合是其主要的特点。各子媒体分享新闻线索、新闻资源，合作进行新闻报道，合作开设新闻栏目；不同媒体介质之间灵活穿插、组合，各个媒体的内容可以更加方便地实现相互嵌入。可以说，子媒体不仅是自身媒介内容的包装者、发布者与推广者，更成为同一集团下其他子媒体的宣传窗口、内容分销商。

四、受众角色从单一线性到多重交叉，同时分众传播

在传统媒体的传播范式下，受众角色是单一的、线性的。而媒介融合实践的出现，使得受众的角色发生了转变。受众可能会在同一时间一边上网浏览新闻，一边发帖表达自己的意见；也可以在看电视、听广播的时候，通过手机发送短信参与节目。在这种情况下受众同时扮演着观众、听众、读者、参与者与用户等多重角色，与媒介形成多渠道、高频率的接触。

如今，受众趋向分化，这客观上必然要求现有的各类相互独立的媒体优势互补、走向融合，从而将更全面、更丰富的信息与内容通过各种媒介及时、优质、快速、低成本地传递，以满足不同受众的需要。通过媒介融合的方式，媒介集团利用其规模优势，将可能扮演不同角色的受众最大限度地收归旗下，提高受众对整个媒介集团的美誉度和忠诚度，从而争夺其他传媒集团的受众群体，扩大自己的市场份额。

五、传播效果从一元效果到复合效果，同时分别影响

传媒公司之间通过收购、合并等手段，进行产权、营运、产品上的整合，可以形成规模庞大的多媒体集团，通过同一集团旗下各媒体之间的互相支持、回馈和促销，达到了互

相造势和增值的作用。例如，在互联网上进行实时电视广播，或为上网手机提供文字、图片和影像信息，同一集团内不同媒体的内容的互动和整合，能够发挥协同效应，使媒体资源用途多样化，一物多用，扩大了市场，以相对节省的成本获取较大的收益。

应该注意的是，在媒介融合的背景下，虽然传播渠道有一个集中的过程，但各种媒体作为接收的终端却又是分散的，传播的最终效果仍然在每一个接收终端独立地实现着。只不过，在最终评价某一新闻信息的传播效果时，会将这些相对独立的终端媒体的效果统合起来。这种传播效果与传统媒体的单一效果相比更为优质。

综上所述，媒介融合的理念对传统的新闻传播模式不可避免地产生了冲击和影响。通过媒介融合的“融合”与“细分”，同一集团的各个媒介平台融合成错综复杂的媒体网，产生极大的联动效应。

第三节　基于媒介融合的新闻传播原则

一、坚持以人为本的原则

当前我国的新闻传播媒介与方式发生了很大的变化，但还是需要严格地遵循以人为本的原则。只有这样，才能使新闻传播适应社会发展的需要。首先，新闻的受众群体主要是人，因此在开展新闻工作的时候需要面向大众，只有坚持以人为本，才可以提高新闻使用效率。其次，奠定新闻发展与传播的重要基础，保证新闻传播行业的稳定发展，就需要做到以人为本，以及提高传播水平。因此，新闻传播需要满足大众的使用需求，坚持为大众提供有价值的新闻内容，才可以保证新闻行业的长远、稳定发展。

二、坚持创新发展的原则

在任何行业领域的发展中，创新都是重要的推动力，特别是在互联网技术与高新技术不断应用的当今我国社会中。随着媒介融合理念的提出，新闻传播工作需要坚持创新的发展原则，为新闻传播事业提供关键的推动力量。在新媒体的应用中，新闻传播方式逐渐多样化，各类新闻之间的竞争也更加激烈。新闻的创新能够利用新媒体吸引更多的群众，是新闻事业发展的关键。因此新闻传播也要坚持创新，只有创新才可以顺应时代的发展，满足更多的使用需求，然后为社会所用，发挥自身更高的价值。

第四节　基于媒介融合的新闻传播路径

一、媒介融合背景下新闻传播的困境

（一）新闻传播效果弱化

传统的新闻传播路径相对有限，多数新闻受众均是在电视节目中观看与了解新闻信息。但是，随着媒介融合的不断深入，电视已经不再是接收新闻信息的唯一渠道，新闻受众即便不看电视，也能借助手机设备，通过微博与微信等平台检索自身感兴趣的新闻信息。这样一来，各类新闻信息的传播路径明显增加，必然会瓜分电视新闻的受众，进而对电视节目的收视率造成影响。另外，多数传统电视媒体为适应媒介融合环境下的信息传播诉求相继建设了专属的新媒体新闻平台，如央视新闻客户端，这在一定程度上导致传统媒体新闻的受众数量有所下降，新闻传播的效果亦逐渐被弱化。

（二）新闻传播内容失范

随着媒介融合持续深化，诸多媒体的竞争力也进一步强化，但同时面临着激烈的市场竞争，新媒体与传统新闻媒体之间的用户争夺现象愈发激烈。部分新闻媒体过分追求发行量与点击率，而忽略了对自身新闻内容传播价值取向的坚持，更有甚者做出了严重违背道德规范的行为，对社会稳定与和谐发展造成了严重影响。

一方面，社会新闻的数量呈爆发式增长，如何有效吸引新闻受众，已然成为多数新闻媒体关注的焦点话题之一。在此环境下，社会责任感薄弱的媒体往往喜欢在新闻标题的编辑方面下功夫，企图借助“蹭热点式”的新闻标题，吸引受众的注意力。

另一方面，部分自媒体为快速吸引大量粉丝，在报道新闻内容时体现出娱乐化倾向，这一定程度上阻碍了新闻媒体对受众价值观的正向引导。除此之外，新闻传播内容逐渐呈现出同质化现象。对于相同的社会热点话题，不同媒体报道的视角、挖掘的深度及价值判断均千篇一律，这对于提高新闻传播成效也有一定的负面影响。

（三）新闻生产和传播方式亟待更新

伴随互联网技术的飞速发展和变革，一切信息都有可能成为新闻。在这一社会环境下，各个领域的行政记录、统计记录、业务交易与各种图片、音频和视频，均有可能生成相关的数据信息，而这些不断生成的数据信息通过整理和加工又会生成全新的次级数据信息，并储存在数据库系统当中。面对这些在理论维度都能成为新闻传播内容的海量原材料，势必要以区别于以往的新闻生产和传播方式进行应对与处理。然而，在现实中，多数媒体从业者对此或疲于应对，或束手无策，特别是部分传统纸媒从业者依旧沿用以往既定的新闻内容生产方式，这通常会导致媒介融合时代有价值的新闻资源被严重浪费。

二、媒介融合背景下新闻传播的路径

新常态背景下，新闻媒体要扮演好“信使”的角色，发挥好其在信息传递和交流中的功能，为经济发展助力。首先，新闻媒体要积极推进现代科技与传媒事业的融合，以信息技术和多媒体技术为支撑，大力发展网络媒体，实现传媒形式、媒体内容的创新。其次，新闻媒体要实现传媒内容的整合、创新与优化，以群众需求、社会发展需求、经济发展需求为依据，对传媒内容进行整合和甄选，提高传媒的质量与效率，促进知识向经济效益的转化。再次，新闻媒体要积极响应国家政策、法律法规的号召，做好舆论的引导和监督工作，以参与者、监督者和守望者的身份参与到社会主义和谐社会的建设中，通过真实可靠的新闻报道宣传中国梦，凝聚民族力量、坚定群众信仰，为中华民族的伟大复兴作贡献。具体而言，可以通过以下路径开展媒介融合背景下的新闻传播工作。

（一）持续丰富新闻传播信息内容

媒介融合环境下，媒介并非单纯的新闻内容传播工具，更是引领舆论走向的重要载体。所以，无论新闻机构还是新闻工作者，在新闻内容失范现象愈发严重的情况下，应重视强化责任意识，以此为基础丰富新闻传播的内容。满足新闻受众对新闻信息的需求，是新闻机构创新发展的重要目的，这便要求相关工作者注重并持续丰富新闻传播的内容，切实提高新闻传播成效，并在满足受众群体需求的基础上推动新闻传播持续发展。

以往的新闻传播内容普遍受到诸多主观和客观因素的制约，受众只能被动、单向地接收单一化的新闻信息。而在媒介融合时代，社会群体能够利用新媒体平台获取更多新闻资讯，这就要求各个媒介重视分析受众对新闻的喜好，把新闻与受众关注的话题紧密联系，切实缩短二者之间的距离，重视以大众化的新闻传播形式报道受众感兴趣的新闻话题，从而让新闻传播内容切实为受众所喜爱。除此之外，新闻采编应强化与受众的交流互动，利用官方微博与热线电话等形式进行实时交互，及时掌握受众对新闻事件的看法与反馈，调整新闻传播的形式与内容，充分吸引受众眼光，从而得到其喜爱与青睐。

（二）积极创新新闻信息传播形式

伴随新媒体技术的持续发展与革新，诸多现代化、智能化电视播放技术愈发成熟，为有效降低媒介融合环境下其他平台对新闻传播的影响，各新闻机构都要发挥媒介融合优势，积极创新新闻信息传播形式，借助具有新颖性与趣味性的新闻传播形式提高新闻节目的吸引力，从而吸引更多受众观看与参与。例如，电视新闻节目可以借鉴中国中央广播电视总台中文国际频道于 2016 年 3 月 20 日全新亮相的国内首档“融媒体”新闻评论节目《中国舆论场》采取的现场制作形式，借助信息化技术设计虚拟仿真的观众席。同时，场外观众可借助手机应用程序（App）参与节目，与节目主持人及嘉宾进行交流互动。此种新闻传播模式，不仅延续了以往新闻传播的特点，而且运用了现代化科技，能够最大限度地把场外观众和节目现场充分融合，切实提升受众对新闻节目的喜爱度及关注度。

（三）强化技术设备的引进与应用

技术设备为各大媒介机构拓宽新闻传播路径提供了必要的硬件条件，也推动了多元化信息传播形态的形成，其依托于新媒体平台，使图片、文字与音频等能够同时出现在新闻报道中，这是新媒体平台在新闻传播方面的基础表现形式。虽然以上表现形式也时常出现在电视新闻报道中，但就现阶段而言，电视新闻节目往往以视频形式呈现在观众面前，视频新闻通常会增加文字和图表等因素补充新闻报道内容。基于受众视角，电视新闻节目也可以借助新媒体平台或者通过文字、动态图片、音频和视频等形式完善新闻信息，而这些均要凭借技术和相关设备才能实现。

现如今，日渐完善的技术和设备，为新闻节目制作带来了诸多便利，采访、编辑与播放的效率较之前都有了大幅度提升，这在国内与国际重大事件新闻直播报道中尤为显著。一般来说，由传统媒体独立采制的社会新闻量相对较少，这便要求新媒体不仅要帮助传统媒体进行新闻采编工作，而且要拓宽新闻传播路径，让受众充分参与到新闻传播中。另外，各项技术是新闻有效传播与传播形式不断创新的必要条件。相对中央级媒体而言，省市级特别是部分发展相对缓慢区域的新闻频道拥有的技术设备略显不足，这也是部分媒体发展停滞不前的主要影响因素。因此，一方面，省市级媒体机构要正确认知媒介融合对新闻传播发展的重要意义；另一方面，相关部门应为省市级媒体机构提供经费、技术与理念层面的支持，从而促进省市级媒介融合发展进一步深化。

传统新闻媒体倾向于新闻信息内容的采访与制作，而新媒体倾向于建设传播平台，将二者优势互补，有助于为媒介融合发展提供新思路。比如，省市级电视台可以和中央级电视媒体进行交流互动，学习如何将先进、前沿的摄制技术运用到传统新闻的信息采编和制作工作中。

第四章　基于媒介融合的融合新闻传播

第一节　融合新闻的内涵及其特征

“融合新闻”，在西方也被称为“多样化新闻”，是伴随 Web 2.0 的广泛应用在美国出现的一种新闻报道方式。对于当时正在走下坡路的美国传统报业而言，融合新闻的出现似乎让他们看到了未来的曙光，业界开始探索这种新型的新闻报道方式。这种报道方式以互联网为平台，融合了文字、音频、视频等多媒体的报道手段，赋予新闻以更加丰富的内容与表现形式。

融合新闻 21 世纪初出现在美国后，随之在全球逐渐出现，它是以媒介之间的合作以及媒介组织结构与工作流程的改变为前提的。伴随着数字技术的广泛运用与网络传播的迅猛发展，传媒形态的推陈出新与产业的整合重组已成为当今全球性的热门话题。在这一变局中，新闻传播也应势而动，从规则、流程到渠道、方式都发生了巨变，突破传统的载体藩篱，以“融合新闻”赢得竞争，成为新闻传播变革的必然走向。

融合新闻学的核心概念是“融合”，而知识体系意义上“学”的内涵取决于我们对“融合”的定义和理解。换言之，当我们关注不同的“融合”命题时，或者说对“融合”问题的侧重点有所区别时，便拥有了不同的“问题意识”。无论何种意义上的“融合”，都离不开媒介融合这一基础性的底层逻辑或底层框架。简言之，由于融合新闻的“出场”语境是媒介融合，只有将融合新闻置于媒介融合所铺设的基础逻辑和底层框架中加以考察，才能真正把握“融合”的真谛所在。

一、融合新闻内涵

（一）融合新闻的定义

在媒介融合这一基础性的传媒变革逻辑之上，融合新闻的理念应运而生，并成为新媒体时代一种标志性的新闻形式和实践。一般来说，融合新闻的概念有广义和狭义之分，广义的融合新闻强调其“全媒体”和“跨媒体”意义上的“融合”内涵，主要是指媒介融合语境下的新闻生产、发布、运营、社会服务实践和活动，其特点表现为整体性策划、全局性整合、一体化生产、跨平台传播、多渠道分发、智能化推送、全媒体运营等。而狭义的融合新闻则强调“多媒体”意义上的“融合”内涵，主要是指媒介融合语境下区别于广播、报刊、电视等传统新闻形态的一种新兴的多媒体新闻形态，如网络图文新闻、H5新闻、VR新闻、短视频新闻、数据新闻、动画新闻、新闻游戏、移动直播新闻等，其特点表现为坚持用户中心原则、整合多种介质元素、强调产消共创融合、突出双向互动设计、注重新闻故事驱动、倾向情感话语生产、强化用户消费体验等。

融合新闻理念的精髓在于新闻报道突破了传统的载体樊篱，将传统新闻报道范式进行整合重构，制作适合不同对象的多媒体新闻产品。在融合新闻的操作模式下，媒体对新闻事件的处理不再是单面性的呈现，而是多侧面多角度的展示，不再是单纯追求独家新闻，而是更加重视对原创性信息的整合加工；不再是你传我受的单向灌输，而是倡导受众参与和互动。在融合新闻理念的指导下，新闻报道方式已经从平面化的线性方式，转为立体化、个性化、互动化的全新方式，并将突破“媒介之间的合作模式”，而演变成一种独立运行、流程完整、操作规范的新闻生产模式。

（二）“融合新闻”产生的原因

1. 数字技术的成熟

首先，在条件成熟的前提下，技术催发出一种新的经济形态——媒介融合；其次，数字技术直接导致“融合新闻”的产生。

2. 传媒集团提高核心竞争力的必然要求

改变新闻业务流程，深层次开发新闻资源，达到提升核心竞争力的目的正是“融合新闻”所具备的。

3. 新旧媒体走出“瓶颈期”的必然选择

媒介融合促使新旧媒体实现共享和整合，形成“你中有我，我中有你”的互动关系。

4. 取胜注意力经济的新支点

融合新闻不仅满足了受众个性化的需求，且优化了新闻的表达和发行方式，因此，它为媒体在注意力经济上创造了新支点。

（三）理解融合新闻的三个维度

一般来说，考察新闻发展与实践的内在逻辑，常见的分析维度是生态、业态、形态。立足媒介融合这一总体性的问题语境，我们同样可以从新闻生态、新闻业态、新闻形态三个维度切入，把握融合新闻知识体系中不同的“融合”问题及其话语内涵。新闻生态意义上的“融合”，主要强调媒体系统中不同构成要素之间的结构性联结与生态性对话，“融合”本质上对应的是“全媒体”问题；新闻业态意义上的“融合”，重点聚焦传统媒体和新兴媒体的融合背景，强调不同类型媒体之间的合作与渗透，“融合”本质上对应的是“跨媒体”问题；新闻形态意义上的融合对应的是“多媒体”问题。基于此，我们可以从全媒体、跨媒体、多媒体三个维度切入，把握融合新闻中“融合”的内涵，进而认识融合新闻学的核心问题及“融合”，重点关注新闻内容层面不同媒介表达元素之间的整合、“融合”的本质及其对应的知识话语。①

1. 全媒体意义上的“融合”

全媒体意义上的“融合”主要强调一种系统性、结构性、整体性的生态体系。这里的“融合”，一方面强调媒介系统内部的要素联结和主体对话，另一方面强调媒体与社会之间的互动关系和逻辑。所谓全媒体传播体系，已经超越了媒体转型发展的自身逻辑，而进一步嵌入到社会治理的深层结构，即媒体存在的社会向度被极大地打开了，从而释放出更大的社会功能和战略使命。显然，从新闻生态来看，全媒体传播体系话语中的“融合”，主要指内容生态、技术体系、管理机制之间的深度融合，其目标就是建设有中国特色的融合新闻生态。

2. 跨媒体意义上的“融合”

跨媒体意义上的“融合”主要是指不同类型媒体之间的融合发展体系。实际上，媒介融合最初的问题语境是：面对新兴媒体的挑战和冲击，传统媒体如何转型、发展与创新？显然，这一问题的立足点是传统媒体，而“发问”方式也是基于传统媒体的主体立场。当信息自由流动于不同媒体介质之间，渠道之间的壁垒逐渐消解，传统媒体与新兴媒体的边界愈加模糊，新闻媒体逐渐呈现出一种“合而为一、融为一体”的新业态和新趋势。简言之，媒介融合的最初内涵就是一个跨媒体问题，这也是为什么当前融合新闻学的核心议题主要聚焦于新闻生产的跨媒体实践问题。

3. 多媒体意义上的“融合”

多媒体意义上的“融合”主要指新闻文本形态层面的文字、声音、图像、动画、超链接等媒介元素的融合。从新闻形态来看，融合新闻不同于传统新闻的单一媒介元素叙事，亦不同于传统媒体时代的多媒体文本，而是强调媒介融合语境下的多媒体新闻。因此，从新闻形态来看，融合新闻主要指媒介融合背景下基于新兴媒介平台或技术制作而成，并融合了多种媒介元素的新闻形态。换言之，融合新闻是媒介融合语境下诞生的一种新兴的新闻形态，“多媒融合”是其基本的形态特征。必须承认，“多媒融合”仅仅是融合新闻的

① 刘涛. 何为融合新闻学？[J]. 教育传媒研究，2020（5）：8-11.

形态特征，而非融合新闻的根本属性。例如，电视新闻也可以视作“融合”了视频、声音等元素的多媒体新闻，但其依然属于传统新闻的形态、生产和传播范畴，“融合”的内涵和外延并未得到真正的体现。因此，相对于传统的报刊新闻、广播新闻、电视新闻，融合新闻属于新媒体新闻范畴，其生产、发布、运营都呈现出不同于传统新闻的新特点、新理念、新机制和新趋势。

二、融合新闻的特点

由于多媒体技术和互联网的发展，传统的传播方式和媒体格局发生巨大变化。为了能在数字化时代生存下去，各种媒体开始取长补短，进行融合，走上媒介融合之路，从而产生了“融合新闻”。在这种趋势下，中国新闻媒体也开始向融合新闻进行转型。由于网络技术和数字技术的推动，传统媒体与新兴媒体之间的界限变得越来越模糊，媒介融合在全球逐渐形成大潮流，在此背景之下，“融合新闻”应运而生。具体来说，融合新闻呈现出以下几个方面的特点。

（一）新闻业务整合化

“融合新闻”突破传统媒体间的限制，整合所有的媒介，统一规划，资源共享，建立新的新闻采编流程。其基本流程就是集中力量采集新闻素材，再根据各自受众的接受特点进行加工，制成不同的新闻产品，最后通过不同的传播渠道传播给受众。

融合新闻的发展是在数字技术与网络传播推动下，各种类型的媒体通过新介质真正实现汇聚和融合。在未来可能会出现一种新的媒介介质，将报纸、收音机、电视机、电脑、手机等信息终端的功能和特点汇聚于一体，通过无线传输，成为新的信息接收终端。对于这样的新媒体而言，融合新闻将超越“媒介之间的合作模式”，而演变成一种独立运行、流程完整、操作规范的新闻生产模式。

（二）信息载体数字化

数字技术和通信技术的飞速发展，使得媒体的边界逐渐模糊，传播终端呈现数字化特点。电信服务商和互联网服务商纷纷介入到传播终端的领域中，与传统媒介融合在一起，推出各种数字移动终端来作为新闻内容的载体，进入到人们的信息生活中。所以，媒介融合的结果，就是除了报纸、广播和电视外，电脑、手机、PDA、iPad、电子报、电子杂志等数字载体也能让人们随时随地以不同方式接收所需要的信息。

与此同时，不少媒体还把过去的媒介历史产品进行数字化处理，拓展历史产品的市场营利能力，如《人民日报》《浙江日报》等。长沙晚报社将 1956 年 7 月 1 日创刊以来的

《长沙晚报》所有历史报纸全部进行了数字化处理，既解决了历史报纸的保存问题，又利用历史数字报产品为全市党政机关、企事业单位提供信息服务，取得一定的经济效益。

从某种意义上说，数字化是一种组织和管理信息的方式，将不同介质类型的信息转化为统一的数字格式加以保存、复制和传播，这是当下的互联网能够运转的重要技术前提和基础。半个世纪以来，信息数字化的进程从未停歇。从表面看，信息从机械模拟到数字记录的过程给人们带来了极大的便利和高效；而从更深远的意义来看，数字化的相关技术降低了人们在信息生成、捕捉、加工、复制和传播过程中的技术门槛，极大提升了传统的受众介入信息消费与生产环节的可能性。

（三）视觉传达多样化

融合新闻利用多媒体技术将文字、声音、图片、图像和 Flash 集于一体，因此在视觉传达上将更加丰富多样、形象生动。以电子报纸为例，它与以前的报纸网站不同，以前的报纸网站只是单纯地把报纸内容移植到网站上。新一代的电子报纸不仅复制了印刷媒体的内容，还融入了多媒体的功能，令新闻不再是平面而是立体的了。读者可以随意检索信息，链接到相关网页上。对新闻的深层报道和分析，我们可以从文字中去查看；对新闻事件的动态变化，我们可以借助图像进行直观了解；对于深奥难懂的科技新闻等，还可以通过 Flash 和计算机模拟使其通俗易懂。所以，人们可以采取阅、听、视等多种方式接收信息，使得视觉传达方式更加人性化和便捷化，降低了人们接受新闻的费力程度，将人们从传统的报纸、电视等媒体的限制中解脱出来。例如，在国内，北大方正与《浙江日报》合作，开发了新的电子报，当读者的鼠标移动到版面中的某一篇文章时，轻轻点击即可显示原文，甚至还可以点击“朗读”来“听”新闻。因此，融合新闻借助多媒体技术，使得新闻产品的视觉传达设计的表现手段更加多样，表现范围也得到了更大的扩展。

特别是近年来随着快手、抖音、腾讯视频号等短视频的异军突起，国内很多媒体机构和政府机关都开始入驻抖音、快手、腾讯视频号来传播新闻和资讯。短视频主要是指在各种新媒体平台上播放的、适合在移动状态和短时间休闲状态下观看的、高频推送的内容。其时长一般在 20 分钟以内大部分时长在 5 分钟以内。最初，短视频分享应用是 2011 年从美国开始的，用户借助特效、音乐等方式制作 30 秒的创意视频，并分享到各个大型的社交网络当中。短视频内容的生产者既可以是专业的制作团队，也可以是广大的草根平民。短视频已经成为移动传播时代媒体创新报道的重要手段和途径，是当前信息传播的重要发展趋势。从书到刊物，再到报纸，之后是广播电视，现在是网络，人类的阅读单位不断缩小。阅读单位缩小是阅读速度加快的明显标志，短视频就是视觉阅读单位变小的产品。

随着 5G 网络的发展和智能手机的普及，短视频 App 的种类越来越多，而且手机用户也越来越钟情于在碎片化的时间内通过手机观看短视频获取信息。

（四）媒介产品互动化

融合新闻产品的关键特点，就是互动性和社交分享性的加强。更加注重受众个性化信息需求的满足和服务，更加注重社交分享，这是融合新闻产品的特色。多样化的新闻产品和服务，使得受众可以根据自己的兴趣、爱好和需求来选择相关信息，赋予了受众新闻信息接收行为更多的自由空间。体现在两个方面：

1. 融合新闻产品不仅让用户可以“看”新闻，还能“用”新闻

目前国内外比较受欢迎的融合新闻服务，如美联社的“经济压力互动地图”、《华盛顿邮报》的“时空”互动新闻地图服务、河南报业集团的“焦点网谈”、《长沙晚报·掌上长沙》推出的 H5 产品“多彩长沙走新路”等融合新闻产品，都显示出较强的互动性。特别是 2020 年人民日报社重磅打造的融媒体 H5 互动游戏产品——《我为珠峰量身高》，引发了网民的互动热潮。因此，可以说，更强的互动性是未来融合新闻发展的一个方向。

2. 随时让用户参与到新闻报道中来，成为新闻的生产者

融合新闻报道的过程中，媒体不再是唯一的新闻生产者，而应该建立更加开放、互动的机制，让用户参与到新闻生产过程中来。媒体需要设计与用户协作的形式、规则和进程，全面协调资源，开掘以技术为基础支撑的网际能力，以完成信息的收集、编辑、整合、发布和运用的全程管理。

（五）信息来源多元化

在电视、广播、杂志、报纸等传统媒介垄断新闻传播的时代，新闻信息的主要提供者是政府机构、社会团体、企事业单位和各界名人等，职业新闻工作者承担了采集与发布新闻信息的主要任务。而在融合新闻时代，由于新媒体技术的出现，普通公民获得了参与新闻传播的能力，拥有了话语权，新闻信息的来源出现了多元化趋势。从美国前总统克林顿的“拉链门”到英国伦敦地铁爆炸事件，从伊拉克战争到地震灾区的救援行动，公民记者在全球范围内传递新闻信息，新闻信息的采集形式也出现了多媒体化的趋势，除了传统的新闻媒体外，人们还可以借助 BBS、博客、微博、微信、手机客户端、抖音、快手、微视频等新媒体形式来发布新闻、表达意见，特别是突发新闻。

第二节 融合新闻的生产与协作机制

一、融合新闻的生产流程

传统的新闻生产模式具有两大特点，一是呈现出链态的线性模式，二是具有较强的封闭性。整个新闻生产链条环环相扣，从采集、写作到编排、刊发等一系列流程都在机构内部运作，不能与受众进行及时有效的互动，呈现出鲜明的单向传播特征。

进入融媒体时代，以往的这种新闻生产和消费模式面临着革命性的变化。“流程再造”的概念最初诞生于管理学领域，是20世纪90年代初期在美国兴起的一次管理变革浪潮。其核心命题是“对组织的作业流程进行根本的再思考和彻底的再设计”，目标是“以期取得在成本、质量、服务、速度等关键绩效上重大的改进”。“流程再造”理论应用于新闻生产，意味着要打破原有单一媒体的封闭边界，通过有效的顶层设计，将各种介质的媒体及其生产流程有机组织到一起形成“融合”。对原有流程的“打破”和设计重组，是产生融合新闻的关键，这将彻底改变过去被不同介质割裂、不同部门管理造成的“孤岛”局面。

（一）再造新闻生产流程要解决的问题

“融媒体”时代产生的一个显著变化，就是各种媒介之间的边界变得模糊不清，专业媒体必须对新闻生产进行流程再造。其中，技术是前提，主要体现为要建立依托互联网打造的多媒体信息数据库，进行信息的储存、处理与加工；建立指挥调度中心则是核心，统一开展多种媒介形式的新闻生产。需要解决的主要问题，有三个方面：

1. 建立融合新闻“调度中心”

在融媒体时代，新闻来源多媒介化，内容生产多媒体化，需要建立组织一个集中的“调度中心”，配备精干力量，对所有来源的新闻内容进行统一判断、评估、分发，并指导内容生产。这在当前媒介融合过程中已经有了较为成功的例子。

2. 建立多渠道新闻分发机制

根据媒体自身实际情况，合理选择和搭建手机、广播、纸媒、电视、网络等多种分发渠道，使得同一内容的新闻产品能进入不同的“生产线”，成为各具特色的“产品”，并沿着既定渠道运行，使得一件新闻产品，能以多形式、多渠道、全方位的方式传播，满足不同受众的不同需求。

3. 建立灵活的用户反馈平台

“开放性”是融媒体的一个显著特征，要及时响应用户对新闻的反馈，处理来自用户的内容源，可以试行建立专门的用户平台，如建立用户服务中心，对用户信息进行及时响应；建立用户数据库，收集有关信息开展大数据分析；采用多种技术手段，针对不同用户群体主动推送新闻；建立用户参与机制，鼓励用户进入新闻流程，对有关信息进行补充。

（二）新闻生产流程再造的方法

融合新闻的制作和传播是媒介融合的核心。传统媒体的新闻生产方式在融媒体时代必然被彻底打破，取而代之的是多种媒介内容制作、传播的重组，最终呈现出从渠道到内容、从采编到发布、从内部机制到用户互动都脱胎换骨的、全新的融合生产流程。

1. 再造融合新闻“调度中心”

媒介融合时代的新闻生产流程再造，核心是对新闻信息指挥调度中心的重新设计和构建。为多媒体新闻生产建立一个强力的“大脑”，并以制度方式赋予其足够的权限，让中心能够对整个新闻生产流程实施有效调度和有序管理。

“调度中心”的管理模式是：调度中心位于系统核心，不同媒介业务部门环绕在周围。记者采写的图、文、音视频等一系列内容素材都集中汇聚到数据库，由不同媒介线的编辑按照其传播特点，进行二次加工。调度中心是整个系统的“大脑”，对选题、线索、内容和数据库等进行统一分类管理，协调新闻采集、编辑、发布和用户管理全流程运作，对各个生产流程和整个体系进行统筹管理，对新闻线索进行价值判断和分发，指导不同业务部门加工和发布。这方面比较成功的例子，如烟台日报报业集团，将记者统一归口到集团管理，集团成为一个内容超市，各种媒体要想获得内容，就去超市的货架上选取它。新闻生产指挥中心是这个内容超市的运营者，纸质报、数字报、网站等媒体编辑部各取所需进行深加工，生产出各种形态的终端新闻产品。

2. 记者的“跨媒体采集与制作”

在融媒体时代，记者必须具备“跨媒体”思维，同时掌握多种信息采集方法，熟悉多种媒介类型，使用多种采访工具、具备多种采访能力。特别是在报道重大事件和突发事件时，需要跨媒体思维进行新闻信息采集。澳大利亚迪肯大学新闻学院副教授史蒂芬·奎恩博士提出了“全能记者”的概念，这是在融媒体时代对记者的新的定义。这一概念分为三个层次：第一个层次是能够用手机对突发事件进行报道；第二个层次是一个记者能够在一天内为网站写稿，又能提供视频，还能为报纸写稿；第三个层次是能够为报纸写深度报道，又能够为电台、电视台做纪录片。

在采访手段上，全能型记者除了会使用录音、录像等常规采访设备外，还要掌握微博、微信、QQ 等社交媒体手段。从采写方式上，要树立“全媒体”理念，一到采访现场，就要做出判断：能写文字的写文字，能拍照的拍照，能上视频的上视频，需要上访谈的上访谈；快讯、消息、通讯、视频、微博、微信等各种新闻表现形式，记者、编辑都要有效规划和实施。同时，为全能记者配备多媒体化的采写设备：笔记本电脑，移动、联通两种无线上网卡，照相机，摄像机，智能手机，从而使得媒介产品可同时满足电子纸、移动报、新闻 App、纸媒文字图片的需求以及网站和户外视屏的视频需求。

3. 融合新闻编辑的“分类”和“分层”

在融媒体时代，同样的新闻内容，可以通过多种形式的媒介进行报道。因此，多媒体编辑在具备传统编辑必备的策划、整合、编辑、把关等技能的同时，还要尽可能熟悉各项数字化媒体设备技术，了解各种媒体的操作技能和传播特点，善于对海量新闻信息、用户信息、数据库信息进行处理。

融合新闻编辑要对内容资源进行分类处理。根据不同传播终端的要求，对收集的内容资源进行归类，然后根据不同情况分类处置。同时，还要善于对内容资源进行分层开发。综合考虑传播速度、篇幅容量、表现形式等特点，对同样的资讯信息，采取短消息、视频、专题等不同方式进行处理，选择最为适合的渠道分发。

4. 信息传播终端的“多媒体化”

信息传播终端是新闻传播流程不可或缺的环节，也是新闻内容最终到达用户的关键。在融媒体时代，新闻生产需要统一的数字化管理平台，能够方便快捷地在一个平台上，完成文字、图片、音频、视频等多种形式内容的制作与发布。编辑根据各种不同终端的特点制作内容，再通过多媒体渠道发布，满足不同受众群体的需求和喜好。当前主要的跨媒体信息传播终端有三大类：即网络终端（电脑）、移动终端（智能手机、iPad）和电视终端（IPTV、互联网电视）。

信息传播终端直接与用户接触，加强用户管理对于提高新闻信息传播与服务效应十分重要。用户管理的三个关键点：一是建立用户信息收集选择机制，融媒体时代同时也是“全民媒体”的时代，用户不但是信息的接收者，也是信息的提供者和内容制作者，让有价值的用户信息在第一时间被选用，将成为专业新闻生产的有效补充。二是建立用户信息反馈机制。及时收集用户对信息的接收和反馈状况，开展大数据分析，寻找用户兴趣点；并依据用户的意见和评价，及时快速改进新闻产品。三是建立用户数据库。要充分利用现代信息技术，对用户进行细分，建立用户档案，为用户提供个性化、针对性强的新闻产品。

（三）融合新闻采编业务流程重组的四种范式

1.“双轮”编辑部范式

“双轮”编辑部范式是通过改造原有的新闻生产体系，使之与网络生产体系实现对接，搭建起全新的新闻生产链，两条生产链既是独立运作的主体，又是处于同一系统之内的两个生产系统，既能实现纸媒与网站的内容生产，又能在新闻生产与产品创意上进行融合运作。

“双轮”编辑部范式在结构上体现为并行特征，纸媒生产链与网络生产链在空间上并非同一编辑室，而是各自处于不同的编辑部之中，但是在生产流向上是两条平行的链条。

“双轮”编辑部范式下的融合新闻生产，以“公共稿库”和中央“指挥平台”作为融合实践的核心。在“双轮”编辑部范式中，可以把“公共稿库”与中央“指挥平台”作为先导性因素，打通全媒体生产流程的上下游环节，以此推动纸媒生产链与网络生产链两个中心的并列式协作与融合运作。

2. 向集团内各媒介开放的发稿平台

该范式打造了一个向内部各种媒介开放的统一发稿平台，试图从资源共享的角度解决集团内部的媒介融合问题。开放的发稿平台打破了各媒介之间的壁垒，实现了采集稿在不同介质之间的同步共享。其关键是共享的时间节点前置至“编前”，因而，各个介质的编辑可以第一时间获得稿件，并根据各自媒介的传播特征编辑发布，从而改变报纸发布时间严重滞后的现状。

3.“中央厨房”范式

“中央厨房”原是餐饮业的一种管理模式，指统一采购、统一配送、统一烹制的大厨房，其最大优势在于通过集中规模采购、集约生产降低成本。媒介融合借用了“中央厨房”概念，其工作流程可概括为“一次采集，多种生成，多元传播”。记者将采集到的文字、图片、音频和视频等素材汇总进入全媒体采编平台，各成员媒体根据需要对这些素材进行二次加工，生产出不同形态的终端新闻产品。

2015 年，《人民日报》首推“中央厨房”全媒体生产平台，成为业界焦点。“中央厨房”的运作，改变了《人民日报》原来以版面为主导的采编管理方式，将其变成了全媒体形态、24 小时全天候生产的全过程采编管理，再造了采编流程，实现了“记者一次采集信息、厨房多种生成产品、渠道多元传播给用户”。

4. 两段式采访范式

这一想法借鉴了电视台记者“话筒前采访”与“话筒后采访”两阶段的经验，将多媒介融合采访划分为两个阶段。第一阶段，“话筒后的采访”即“摸底采访”，仅提供新闻素材，只说明新闻事件本身的概要和重要程度，记者将其发布至素材库之后，再由编辑决定该如何采访报道，同时派出记者进行“话筒前的采访”，即“正式采访”。其好处不仅是帮助记者闯过多媒体采访关，同时，提高了多媒介融合报道的组织能力和策划能力。更重要的是，该范式提供了“用户提供内容”的流程接口。如果给用户提供专门的发稿平台入口（只限发布，不能提取，不能阅读），则用户提供内容将拥有等同于记者“摸底采访”素材的同等地位和价值，然后由多媒体编辑进行进一步策划和组织报道。

二、融合新闻的协作机制

不同于传统新闻生产较为简单的线性流程，融合新闻的制作呈现出网状特征，需要多个节点岗位密切配合，从而实现“一次采访、多次传播”。因此，在融合新闻生产过程中，需要建立一套运转良好的协作机制。这也是融合新闻流程再造的根本目的。

（一）融合新闻协作机制目前存在的问题

1. 传统媒体的封闭惯性

传统媒体向融媒体的转型的过程中，产生许多“不适应症”，其中封闭惯性是一个常见问题：

第一，传统媒体的生产是较为封闭的线性模式，从采访、编辑到制作、发布，控制权都在传统媒体手上，甚至对内容质量的评价，绝大部分时间也是在媒体自身。

第二，传统媒体的传播是以点对面的单向直接传播，中间不需要中介，受众难以选择接收的内容；传统媒体也很难根据受众的反馈进行及时快速的反应和调整。

第三，即使是已经建立了全媒体部门甚至机制的传统媒体，在运作上仍然无法摆脱惯性影响，习惯于内向性、封闭性的传统做法，并未建立起真正具有开放性和创造力的组织。

2. 协作模式的运转失灵

在传统媒体向新媒体转型过程中，原有的运转流程被打破重组之后，新的协作模式并不能自动建立起来；在这一过程中如果不能尽快进行调试和磨合，就会发生结构失序和运转不灵的情况，造成转型失败。

一是新的“处理中心”未能与生产链融合。作为新闻生产的核心，全媒体中心与各不同媒介链条脱离，新闻内容的加工决策权仍然掌握在各条编辑线上，并没有达到统一收纳、统筹处理、分类指导的目的。

二是各个媒介之间彼此隔离，未能相互联结形成网状结构。不同媒介之间仍然呈现出传统的封闭链条状态，不能有机融合、交错推进。

3. 思维观念的陈旧固化

互联网的发展迅猛，技术与理念更新迭代速度极快。要真正将“互联网思维”内化到新闻生产的每个环节，依然面临艰难挑战。传统的习惯思维，仍然制约着融合新闻生产的创造力。

要真正实现观念的转化和突破，还需要对新闻生产过程的全流程重塑与价值导向转变。在融合新闻生产过程中，重塑协作机制，调整团队角色，并有针对性地采用不同的利益调整与激励机制。

（二）融合新闻生产的协作机制

1.“多中心”与“扁平化”的管理结构

在融合新闻生产理念下，建立在中央数据库或全媒体资源库之上的“平台+应用”模式，将成为融合新闻生产中的主导型流程设置与权力配置模式。融合新闻生产流程的权力场结构改变的必然趋势，是走向“去单一中心化”，而转向“多中心化”，结构上的多中心化，在权力场模式上呈现为扁平化与相对均衡的状态。

经过调整后的“多中心”，不再以版面大小与界面数量多寡来评价和指挥新闻生产，而是以在资源开发和传播效益上的具体贡献来评价和指挥。新的“处理中心”可以形成多条媒介展现上的协商竞争模式，推动内部创新，激活融合效应。

2. 多样化的部门（媒介）协作模式

在融合新闻的生产流程中，将形成多种协作模式并存的状态。

（1）共享模式。是指基于中央数据库与全媒体资源库的分享协作模式。在融合新闻生产流程中，线索库、成品库、历史资料库与各种应用库实现资源共享，全媒体框架内的各个界面、终端或媒体，都会建立自己的数据库与资源库，被称为特供稿库，协作层面的“共享模式”，同样包括这些个性化资源库的可链接与使用。

（2）联盟模式。主要是各种界面、媒体作为生产流程的单独个体，在融合新闻生产、传播等环节结成暂时或长期的协调行动关系，从而开展协同工作。

（3）市场模式。这一模式目前还比较少见，但这一模式无疑对理顺媒体内部协作关系，促进协作积极性，提高融合新闻生产效率，激发良性竞争从而提高质量和效率，都具有较大的积极意义。笔者认为，未来这种竞价协商的市场化协作模式，将成为融合新闻协作机制的发展趋势。

3.“交响乐团”式的成员组合

传统媒体生产环节具有较强个人色彩，各岗位专业人员各自负责生产链条上的单一环节，呈现出“独行侠”特征；在融合新闻采编团队结构中，人员组合是“交响乐团”式的，更为强调不同角色分工的合理搭配和协同工作。一个理想的模式是，在新闻生产的整体平台上，“处理中心”犹如乐团指挥，位于这一平台的核心；其他各广播、电视、网络、手机等业务部门环绕周围，同时又通过美工、剪辑师、动画师甚至主播等专业人才相互联系，形成网状联结。多媒体记者采写的图、文、音频、视频等新闻素材都归纳到处理中心，由处理中心确定一条稿件的新闻价值，并最终决定以一种或是几种媒体形式呈现，分发给各业务部门制作并发布。整个结构犹如交响乐演奏，通过统筹指挥、各负其责和相互配合，实现最大的新闻效应和最佳传播效果。

4. 社会化的全媒体协作机制

不同于传统媒体的内向性和封闭性，融合新闻的生产是开放的，不仅是内部结构的开放打通，更体现出强烈的外向化、社会化特征。社会化协作是融合新闻生产模式的延伸，尤其进入移动互联网时代，社会化生产被认为是传播领域最为重大的战略变革。自媒体的兴起，使得当前媒体所处的环境，具有自发自序和信息集市的特征，如微信、微博、社交网站、博客、个人门户等就是典型代表。因为，在融合新闻生产的协作机制中，开放性的社会化协作是不可缺少的。其中主要包含两方面内容：

（1）媒体之间的“抱团取暖”。与以往媒体间协作以分享新闻内容为主不同的是，融媒体时代的协作可以深入到全流程，甚至结成相互交叉的战略联盟或集团；而开展协作的媒体也更加多样化、跨领域。如传统的纸媒可以与电视台或专业公司协作，提供“剧本”制作视频内容，然后通过互联网媒体发布；又如互联网聚合新闻平台。主动打破边界、实现互利共赢将成为融合新闻生产的常态。

（2）主动寻求“陪审团智慧”。在传统的新闻生产中，由于对既定规则的因循，媒体的标准和视野都会具有一定局限性，只能听到自己的声音，缺乏改变和适应的动力。而在融合新闻时代，以开放的心态寻求体系之外相对独立的“陪审团智慧”，可以及时发现新闻生产过程中的疏失和用户的习惯偏好，及时弥补缺陷，推动创新变革。

在融合新闻生产过程中，主动搭建面向外部系统的平台，将分散的知识、智慧、资源等聚合起来。在实际操作中的做法可以千变万化，有浅层协作如互联网新闻后的公众评论区、视频网站的弹幕留言；电视台等媒体的受众俱乐部、“粉丝节”等；也有深度介入的如近年来兴起的互联网聚合媒体，以技术方式判断用户兴趣偏好，从而实现有针对性的筛选推送；基于大型网络社区的“知乎日报”“果壳网”，等等，都体现了对“陪审团智慧”和社会化协作的追求。

第三节　基于媒介融合的融合新闻传播效应

一、长尾效应

随着融合新闻在媒介融合的背景下不断发展和进步，逐渐出现了名为长尾效应的传播效应。媒体工作人员经过一系列的调查和研究后了解到，在传播媒介中，新闻传播的主要途径是电视及报纸等传统手段，只有少部分是通过网络媒体等多种形式的小众媒体进行传播，由于网络媒体发展的时间较晚，在市场中所占有的比重较传统媒体相比相差甚远，且影响力要小于传统媒体，但随着网络技术的迅猛发展，其发展规模在新闻领域中占据“长尾”区域。例如，湖南卫视、浙江卫视、央视新闻，以及各地方新闻台等传统新闻媒体也开始推陈出新，在微博、贴吧等社交平台中营销自己的公众号，在采编和传播新闻中也将网络媒体渗透其中。由此可见，媒介融合背景下的融合新闻关注度和传播范围得到了有效扩大和发展。

二、叠加效应

在媒介融合背景下，融合新闻的主要传播途径除了长尾效应外，还有与其相呼应的叠加效应。叠加效应传播手段是采用多样化的媒介技术将多重媒介融合在一起，以此提高融合新闻的覆盖性和广泛性，使其产生巨大的影响力。例如，每当梅雨季节，南方城市极易突降暴雨，引发洪涝灾害，如福建、湖南、重庆等地，除了各地方电视台、报纸和央视新闻对实际情况进行报道外，一些网络媒体也参与到报道的行列中，不仅能够提高全国各地的知晓度和关注度，还能够吸引一批批优秀志愿者和救援队伍主动参与到救援任务中，大家众志成城，共同抵御洪涝灾害。所以说，有了叠加效应的影响，才能够使新闻的影响力逐渐扩大。

三、窗口效应

受媒介融合的影响，融合新闻将多样化的新闻媒体作为自己传播新闻的主要“窗口”，这种方式的实施能够提高新闻媒体的覆盖性和影响力。例如，在 2017 年各大新闻媒体广泛议论的“江歌日本被害案”中，正是因为互联网这一有力“窗口”，使得国内公众能够及时了解到隔海相望的日本所发生的中国公民被害事件，并从中了解案件中涉及的嫌疑人及被害人家属等相关情况。我国警方也是通过互联网与日本警方取得联系，并实施相关的处决措施。再如，“河南周口男婴丢失案”中，正是有互联网和网络媒体这些“窗口效应”，才能够提高该新闻的关注度，使犯罪嫌疑人无法忍受舆论的压力主动自首，从而保护了男婴的安全。

四、波纹效应

在平静的湖面上投入一颗石子，周围的水会荡起层层涟漪，波纹效应的理念与其有着异曲同工之妙。在媒介融合背景下，融合新闻在传播过程中各类与其相关的信息也会受益于此，实现广泛传播，尤其是在多样化的媒介下，传播速度和影响力会逐渐扩大。例如，“西安利之星奔驰漏油汽车”事件，该新闻内容在微博热搜后，受到人们的关注和热议，随后其他品牌车辆漏油事件也相继传出，如2015年大众漏油事件掀起发动机故障风波等，使得汽车漏油事件备受社会群众的关注，各新闻媒体也将报道重点放在消费者如何维护自己的合法权益等方面，使得新闻如同雨后春笋般不断涌现在网络和报纸中，并在社会上掀起一阵浪潮，同时也为其他汽车行业敲响了警钟。正是波纹效应的影响，才能够增加新闻的影响力和影响范围。

第四节　基于媒介融合的融合新闻传播策略

传统新闻的传播形式是相对简单的，内容来源有限、传播渠道单向。在移动互联网时代，这样单一化的传播方式缺乏竞争力，导致传统新闻深陷危机。而融合新闻不仅在内容、形式上，更在传播策略方面进行了重大变革，与传统新闻传播相比有极大的区别，主要体现在以下几个方面：

一、传播介质从单一转向全面

互联网技术的日新月异，正在摧毁各种媒介之间原有的边界，也改变了各种媒体独立经营的生产形式。融合新闻的发展实际就是对各种媒介的打破与重塑，其传播也从原有的单一传播介质，转向来自同一来源的新闻内容，配合不同的终端形式予以加工制作，向各自的目标受众进行发布，整体的内容影响力和覆盖率大大扩展，实现不同媒介的互联和共赢。在这一传播过程中，融合新闻需要借助适当的技术手段，对电子报纸、数字广播、数字电视、网站、手机报、微博、微信等多种形态媒体终端进行发布，实现内容增值。为了实现高效传播，在这一过程中，往往还需要根据不同媒体的传输特性来决定传播内容的选择及顺序，对信息内容进行分层开发、分段发布，更好地发挥传播效果。

二、传播时间由“时间段”转为全天候

受到自身传播介质限制，传统媒体的传播在时间和空间方面都不可避免地受到局限，尤其是在新闻延时性和版面有限性等方面。而融合新闻的出现，完全打破了传统新闻的局限，它产生于一个由不同媒介组成的信息生产与传播平台，能够进行多维度、全方位和全天候的传播。在融合新闻传播过程中，新闻生产的所有环节都可以被融入数字化流程，实现真正的 24 小时不间断报道的格局，对突发事件的响应速度也大大加快，实现了实时交互、现场传播。

三、传播角度由固定转为“全景式”

作为传统媒体，受到其自身传播方式等局限，往往只能截取信息的某一部分，或从某一个或几个固定角度来开展报道。而融合新闻则充分利用现代多媒体技术以及其全媒体传播渠道的优势，实现全景式新闻报道。全景，其定义是从 360°全方位地展示所有景象，能带给人们全新的真实现场感，具有较强的交互性。全景式新闻报道，则是新闻媒体运用先进的技术手段，从时间维度和空间维度全方位整体性地展现新闻事件的真实面貌，使受众能够较为全面深入地观察新闻事件，了解其本质。融合新闻可以将包括记者采集、受众提供等众多源头获得的第一手文字、图片和视频等多种形式的信息进行汇总，在视觉传达上争取做到具体形象、感染力强，内容上做到多维度、全方位、多角度，传播上实现多渠道、全平台以及不间断传播，从而让受众了解新闻事件的来龙去脉和最新发展态势，提高受众的阅读持续力和关注度。

四、传播用户由大众化转向分众化

在媒介融合时代，细分用户群体已经成为鲜明的趋势。不同于传统媒体面向公众单向传播，对受众的分类粗糙笼统。融合新闻要充分考虑用户多层次、多类型的需求，放弃对用户“一网打尽”的设想，转而深入研究某一类型受众的偏好与需要，有针对性地制订报道计划、“量身定制”各具特色的新闻产品。同时，依托信息技术的发展，加强与用户的双向交流，让目标群体及时有效地参与到新闻的生产和传播过程中来，深入了解受众需求，加深与受众的情感联系，形成“粉丝效应”和“圈子”，并以此为基础，为受众提供个性化新闻产品。

五、传媒机构从独立转向融合

在传统媒体时代，各种不同媒介更强调“单兵作战”，报纸、广播、电视等，都依据

自身特点形成了相对独立的新闻运行体制，发展自成体系的生产和传播理论。然而，在融合新闻时代，传统媒体之间、传统媒体与新媒体之间，都呈现出整合互动、相互渗透的趋势。新旧媒介融合的力度、深度和广度不断增强，在这一基础上日益壮大的融合新闻，对原有的采编流程、管理理念、评价体系、传播渠道等都提出了革新的要求，传媒机构日益走向多功能、一体化，形成新的多媒介融合的传媒集团。

第五章　基于媒介融合的新闻传播媒介形态及发展

第一节　报纸媒介融合传播及发展趋向

一、网络报纸

网络报、手机报、电子报的概念均在三级标题下面详细指出，如：“广义说，网络报纸就是通过互联网传播新闻信息的网站或网页，包括商业网站的新闻栏目、专业的新闻网站和印刷型报纸的网络版等，新浪、搜狐、网易的新闻中心、千龙网、人民网、光明网等都属于广义网络报纸的范畴；狭义说，网络报纸专指印刷型报纸的网络版，如依托《人民日报》的人民网、依托《光明日报》的光明网等各种全国性和地方性报纸的网络版。”三者的区别通过论述均有明显体现。

（一）网络报纸的传播特点

1. 信源的可信度高

报纸媒体拥有广阔的信息来源渠道、强大的采访资源、高素质的新闻采编队伍和高效的生产流程。从新闻信息的采集、加工整合，到版面的制作编辑，直至进入社会流通渠道，报业已经形成一套完整、高效的生产线和对内容的审查、过滤机制，加上在过去的几十年乃至几百年中积累起来的公信力，这些都是新兴媒体所不能企及的。事实上，网络报纸的最大优势恰恰在于它能够借助在信息传播方面具有原创性和公信力的报纸媒体，实现对信息必要的判断与筛选。

2. 信息容量大且便于检索

传统报纸没有足够的版面来提供海量的数据和分析，但是以计算机为内容载体的网络报纸信息容量大，不受版面、篇幅空间的限制。为了满足读者多样化的要求和报纸引以为傲的深度报道需求，近些年，报纸有越出越厚的趋势。但是传统报纸是印刷品，无论怎么扩版，其容量总是有限的。而数字化报纸的信息容量在理论上则是海量的，能够通过超链接的形式，不加限制地增加新闻信息和广告信息，并且可以长久保存，随时等待读者的购买或免费查询，这在传统报纸上是很难做到的。

另外，先进的网络压缩技术不仅极大地拓宽了数字空间，还进一步提高了数字空间的利用效率。在网络上有着无数巨大的信息数据库，只要它们是开放的，用户就可以进行浏览和查阅。报纸网站不仅向人们提供大量的新闻资讯，还把信息内容进行分类整理，方便受众检索、搜集。检索功能的使用极大地提高了人们的信息使用效率，提升了信息的价值。

3. 多媒体性

网络作为一种新兴信息传播载体，兼具数据、文本、图形、图像、声音等多种表现形式。它不仅可以实现文本文件显示（各种文字）、数据库及网络数据的传输，还可以实现彩色图形显示、声音文件播放、视频信息播放、三维动画表现和全程播放等。网络报纸可以通过以上各种表现方式的同步传输使信息传播动静结合、声像兼备，从而摆脱平面媒体只能依赖文字和图片的局限性，提供更大的视觉冲击力。

4. 时效性

传统报纸要经过印刷、出版、运输、投递等过程才能到达读者手中，新闻的时效性实际上已经大打折扣。而网络报纸则能够打破出版周期的限制，省去传统报纸的印刷和发行环节，从而使最新的新闻及时地展示在读者面前。另外，传统报纸由于受固定出版周期的限制，消息的发表也是经过严格的审查和编码，而网络媒体则不受周期的限制，可实现以分钟计算更新周期，消息发表也可实现“实时”和“无时差”原则，24 小时滚动播发简洁高效的新闻。特别是对突发性新闻事件的及时准确报道，可谓网络报纸的最大优势。

5. 交互性

同所有的传统媒体一样，报纸和读者的关系是相对单向的、直线的，主要是从报纸到读者的单向传播关系，而缺乏读者向报纸的反馈。网络报纸则可以利用网络的互动功能，通过用户对新闻报道的评价和讨论，即时、便利地沟通和互动。

网络便于用户进行信息反馈，网站可以根据网上调查、留言栏、网友信箱、公告牌等很快掌握网民阅读频率最高的新闻，随时跟踪网民关注的焦点，及时调整传播政策和内容，提供适销对路的新闻信息产品，充分实现网站与用户之间的良性互动。同时，通过BBS、聊天室等还可了解到其他一些用户的看法，增强用户之间的横向联系。

（二）网络报纸发展过程中存在的问题

1. 缺乏特色内容，照搬现象突出

网络报纸在内容运作上应充分体现网络媒体的传播特点，走与传统报纸差异化发展之路。

我国部分网络报纸都还只是原封不动地复制纸媒内容，很少根据网络媒体的传播特点独立制作出有别于其母体的内容。这就造成网络报纸缺乏独立特色，服务功能单调。此外，我国的网络报纸功能主要还是集中在新闻信息的传播层面，而较少考虑利用自己特有的信息资源，针对特定的用户提供增值服务。

2. 盲目发展，市场定位不准

网络报纸作为一种网络新媒体，是传统纸媒同互联网相结合的产物，因此其市场定位也应同时兼顾纸媒市场和网络市场。随着网络报纸产业逐渐兴起，我国的许多报纸急切地希望通过“上网”的方式发掘传统媒体同互联网结合的优势，以摆脱报业发展的危机。但是从现实来看，情况似乎并不乐观。究其原因，首先就是网络报纸的市场定位不准。许多网络报纸虽然登录互联网，但仍然依靠传统报纸的固有资源和竞争优势，没有充分结合和利用互联网的传播特点，因此难以形成大的发展。

另外，由于许多网络报纸仅仅把自己定位在传统纸媒的附庸品上，缺少开拓市场的主动性和积极性，从而导致各网络报纸不仅缺乏与纸媒的沟通，更缺乏与网络媒体之间的横向合作，造成孤军奋战的尴尬局面。

3. 欠缺与读者的即时交互功能

与传统媒体相比，网络媒体最明显的优势就是具有极强的互动性。网络报纸作为一种典型的网络媒体，其用户可以通过电子邮件、电子公告板和论坛等方式充分发表自己的意见，实现即时互动。这样网络报纸一方面可以即时掌握舆论动向，为新闻专题策划提供依据，增强媒体报道的针对性、提高报道质量；另一方面也可以增加用户黏度，提高用户忠诚度。

而从目前的情况来看，我国的网络报纸还是欠缺与读者的即时交互功能，与读者的互动并没有发挥到最佳状态。虽然已经有不少网络报纸注意到了这一问题，但是提供诸如在线调查、网上论坛、聊天室、在线咨询等服务的报纸网站仍较有限。此外，还有相当多的互动性服务形同虚设，不能真正为用户提供类似“中介平台”式的服务。

4. 二元结构体制矛盾突出

网络报纸虽然脱胎于传统报纸媒体，但实行的却是不同于传统媒体的市场化运营体制。网络报纸的工作人员以招聘为主，分工也不按传统媒体的那种层级制度进行，管理上自有一套新方法。实行全新的市场化体制是网络报纸发展的必然要求。但是必须看到，在传统媒体的体制改革还没有取得重大突破之前，传统媒体的事业体制及二元结构将会在很大程度上影响到网络报纸产业，网络报纸不可能完全实现商业化和市场化。

（三）网络报纸产业的发展对策

我国网络报纸产业有着广阔的发展前景，但同时也存在诸多缺陷和不足，可以说是机遇与挑战并存。网络报纸产业要想充分把握发展机遇，就有必要对其现有的服务模式和盈利手段做出调整和优化。

1. 提供个性化的内容服务，打造独立特色

随着网络报纸的用户规模越来越大、用户覆盖范围越来越广，针对特定用户提供个性化（个人化）的增值服务成为可能。这种个性化的资讯服务将传统的“一对多”的大众传播方式变为“一对一”的传播方式，能够最大限度地满足不同用户的不同需求，最终将促进网络报纸产业形成独立特色，增强用户黏度。

2. 发挥网络优势，增加新闻传播的深度

传统报纸没有足够的版面来提供海量的资讯内容，但是网络媒体可以解决这一问题。网络报纸应该充分利用网络媒体海量存储和即时性的优势，对其承载的信息进行增量、增值，并注重实时更新，借助即时新闻、滚动新闻、网上直播等方式，提供最快、最鲜活的新闻资讯，提高新闻时效，真正实现新闻的同步报道，增加网络新闻的原创性及服务性；通过增设网上栏目，丰富传播手段，加大新闻报道容量；追求精度和深度，加大背景性信息、前景性信息、相关性信息的开发力度，充分利用信息链接无限性的特点，借助搜索引擎的集纳功能，对重要新闻提供深度报道和评论，使新闻资讯立体化，由“新闻纸”扩展为“信息纸”，使用户通过网络报纸获得更多深度、透彻的信息。

3. 扩大广告市场，创新盈利模式

网络报纸在加强新闻信息资源开发力度的同时，也不能忽视网络广告的重要性。广告是我国网络报纸产业目前最主要的盈利渠道，因此扩大网络广告市场对于网络报纸产业来说意义重大。在网络广告市场的开拓方面，我们可以借鉴国外网络报纸的相关经验，推出广告分类站点，建立相应的广告信息库。

除了要扩大广告市场，网络报纸产业还应以网络为平台，利用自身的资源优势，将经营延伸到网站之外，积极探索多元化的盈利模式。此外，网络报纸还可结合自身的新闻编辑优势，利用手机短信息服务平台，与电信运营商合作推出手机短信服务项目，通过信息增值服务为自己开辟新的营收渠道。

二、手机报

作为手机媒体与平面媒体结合的一种形式，手机报是依托手机媒体，由报纸、移动通信商和网络运营商联手搭建的信息传播平台，用户可通过手机浏览到当天发生的新闻。它

的实质是最新电信增值业务与传统媒体相结合的产物。具体来说，手机报是将传统媒体的新闻内容通过无线技术平台发送到彩信手机上，从而在手机上开发发送短信新闻、彩图、动漫和 WAP 等功能。手机报已经成为传统报业继创办网络版、兴办网站之后，融于新媒体的又一举措，是报业开发新媒体的一种特殊方式。尽管随着移动互联网的飞速发展，目前手机报已经基本被形式多样的手机新闻客户端、纸媒微信公众号所取代，但作为我国纸媒与手机媒介融合在特定时期的产物，手机报仍然具有重要的研究意义。相对于传统报纸而言，手机报具有实时更新、动态浏览、接收方便、成本低廉、互动性强等特点，它的出现，标志着移动通信文化产业正在逐步形成。

（一）手机报的特点

手机报是传统平面媒体与手机媒体相融合的产物，既具有传统报刊的特点，又具有手机媒体的特性。

1. 针对个性化需求的信息传播

传统媒体都是大众化的媒体，而手机报订户可以根据自身需要定制不同的内容。用户不愿与他人分享的隐私性信息和希望储存起来与他人分享的信息，都可以通过手机报很容易地获得。同时，用户可以通过储存、删除等功能，在手机上设置自己喜欢的信息专栏，以便随时查看。

手机报在服务方式上充分展示了其人性化、个性化的特质。传统媒体的一个不足之处就是对有用信息的检索往往十分不便。表面看来，传统媒体的信息资源十分丰富，但正是这种海量信息使得特定个人的信息需求被“淹没”。个体只有通过选择过滤才能获得真正有用的信息。另外，尽管互联网有强大的检索功能，但其终端设备却不易随身携带。手机报的出现改变了这种传播格局，用户有充分的自主权，可以通过媒体和服务商提供的不同内容的服务代码来定制自己所需要的新闻信息，在信息的获取上真正实现“各取所需”，最大限度地满足自己个性化的信息需求。

2. 高度的便捷性、实时性和动态性

与传统媒体相比，手机报最大的优势是彻底摆脱了传统纸质媒体的时空限制，可以随身携带，这使读者可以随时随地挑选和阅读自己最喜欢的报纸。如果说报纸、广播、电视和互联网仍然与我们的生活有一定距离的话，那么手机报这种“带着体温的媒体”的诞生，则彻底消解了大众传媒和人们之间的距离。从接受方来说，传统媒体的用户必须寻找特定时间、特定空间的载体才能接受新闻信息；而手机是个人随身携带的终端设备，作为一种无线通信工具，它的轻便、多功能及简单的操作，可以使受众在瞬间接收到所需要的信息，从而实现信息传播的实时性和动态性。随着技术的不断发展，以及传媒人的水平不断提高，手机报几乎可以做到与新闻事件同步。

此外，手机报免除了印刷厂、邮局以及电视节目、网络新闻的复杂制作环节，人们通过按条索取或者包月等方式阅读，真正实现了随时随地的信息传播，而且手机报提供的媒体数据包是一次性发送到用户手机上的，不会像上网浏览那样有掉线或等待的情况发生，这对于生活节奏很快的现代人来说是极具吸引力的。就受众市场而言，手机报满足了没有时间买报读报、收看电视的群体以及在紧急状态下找不到报纸而又需要相关信息的人群的需要。

3. 即时性的编读互动

传统大众传媒的重要特点之一是传播的单向性很强。这一特点导致受众对媒介信息的反馈大部分是事后的、延时的，缺乏即时性和直接性，极大地影响了传播的效果。手机报的一大优势就在于实现了编者、读者之间的即时交流互动。不少手机报都开设了空中交流平台与读者进行交互，这个平台允许读者通过手机即时发布新闻素材或发表对新闻的见解和评论。订阅者可将自己的感想、意见及时发送到无线报纸平台，传受者之间没有隔膜，实现了直接交流互动。

手机报的传播网络是星状的，即有多少电话号码，就有多少条通路，传受交互，互动性更强。手机报不仅给用户发送其所需要的新闻，更可实现跟踪、报料收集、读者调查、读者评报等多方面的功能，对读者和报社都提供了更多更方便的服务，实现了更广泛、更迅速的互动。

4. 多媒体化和通俗化的信息呈现

手机报虽然名为报，但其性质却与传统报纸有所不同。从内容上说，传统报纸的内容多为文字新闻和图片新闻以及副刊等，是以纸张为载体来报道信息、传播新闻。手机报则是由电信、网络和传统媒体等多个产业共同合作打造的一种电子媒体，是以手机这种电子媒介报道新闻、传播信息的多媒体形式。

手机报所发送的新闻不是短信意义上的文字新闻，而是一个多媒体数据包。这个多媒体数据包不仅包含了图片、文字等，后来还发展为包含声音、动画、影视、游戏等多媒体内容。用户不仅可以去看、去听，而且还可以借助图片和动画等形式充分调动起视听感受，实现对新闻的多媒体传播和多维阅读。可以说，手机报不是一个普通的平面媒体，而是一个立体的多种信息表现方式的总汇。从编辑方针上说，传统报刊和手机报更是有所不同。传统报刊一般比较严肃；而手机报既强调新闻的真实性，更强调服务性、娱乐性、互动性。同时，手机报容量小，屏幕窄，更强调信息的浓缩精练，新闻内容要远远短于报纸的篇幅，传播的往往是一两句新闻的要点，五个“W”齐备即可，可谓“导语中的导语”。

5. 新型的运营和盈利模式

传统报纸由报社出版，其整个采访、编辑、出版发行以及广告吸纳等运营过程都由报社整体掌控；而手机报则是由通信公司、网络公司以及报社共同协作，是由三方共同构建的一种信息传播模式。电信公司作为技术掌控方，掌握手机技术平台及远程服务项目，掌握着上亿手机客户，是一个巨大的信息承载外壳；网络公司则可利用自己巨大的网络信息平台，最近距离地“嫁接”手机；传统媒体如报社、电视台则利用自身的信息采访、编辑优势，提供最快速、最原创的新闻信息，从而成为在这场媒介角逐中不可或缺的内容供应商。

传统报纸主要靠发行和广告盈利，而手机报则主要通过三种手段实现盈利：一是对彩信定制用户收取包月订阅费，比如目前各种手机报用户，每月的包月费用为 3 元到 10 元不等；二是对 WAP 网站浏览用户采取按时间计费的手段；三是借鉴传统报刊的做法，通过广告吸附来实现盈利。

（二）手机报存在的问题

1. 内容缺乏创新，“同质化”现象严重

手机报缺乏自主健全的采编体系和运作管理体系以及专业的媒体从业人员队伍，内容绝大部分是报纸的翻版，缺乏创新性和针对性。在强调“内容为王”的时代，内容同质化将会降低手机报的市场竞争优势。

2. 总体受众资源丰富，有效受众相对较少

目前手机用户的数量是极其庞大的，而且还在快速增长之中，但是手机报的有效受众数量并没有想象的大。所谓有效受众是指手机报的实际用户和潜在用户，主要是指知识水平高、经济基础好、对资讯高度敏感的人群。无线上网的手提电脑还会分流这部分消费人群。因此，相对于所有手机用户来说，这部分有效受众所占的比例还比较小。

3. 手机屏幕过小，阅读不方便

手机报作为通过手机传送报纸的一种媒介形式，手机的各种性能都会对其造成影响。目前手机屏幕一般只能显示 100 个左右的汉字，一份手机报的字数通常都在 4000 字左右。要想看完一份手机报，读者需要翻阅几十次，阅读起来十分麻烦。人们习惯于宽屏和浏览式阅读，而对狭窄视觉范围内的频繁翻页阅读还需要一个适应的过程。

4. 盈利模式单一

目前来看，手机报主要通过三种手段实现盈利：一是对彩信定制用户收取包月订阅费，如《广州日报》手机版用户每月的包月费用为 8 元；二是对 WAP 网站浏览用户采取按时间计费的手段，目前《广州日报》手机报 WAP 版都是免费的；三是借鉴传统媒体的

盈利方式，通过吸引用户来获取广告。第一种手段是现阶段我国手机报最主要的盈利方式，盈利收入还需在运营商和报社之间分配。

（三）手机报的发展趋势

1. 手机用户进一步细分，读者的自主选择性逐步增强

信息内容的分类化、适位化是各媒介发展的必然趋势，只有这样才能获得更多、更稳定的受众群，手机报同样要走这样的发展道路。例如，中国移动《新闻早晚报》开通个性化体育版，近3000万用户从此告别了看统一内容的时代。这表明，手机媒体的分众化传播正在变成现实，用户可以按照自己的兴趣需要选择不同的内容。《新闻早晚报》业务负责人认为，媒体产业发展走分众传播路线是大势所趋，而手机媒体在精确化定位受众群体方面具有得天独厚的优势。

2. 盈利模式将从订阅收费为主转变为以广告收入为主

目前，手机报的盈利模式主要采取了扩大订户规模，向订户收取较低的包月订阅费的方式，其他模式还处在探索阶段，有待于在实践中检验和丰富。

与此同时，现在一些手机报开始探索依靠广告盈利的模式，也就是借鉴传统媒体的“双重售卖”模式，这应该是手机报盈利模式的发展方向。需要注意的是，由于手机用户和运营商之间是商业合作关系，如果以传统的形式在手机报上做广告，肯定会遭到用户的抵制。因此，必须协调好新闻和广告的空间比例和时间比例，不然会使手机报用户对广告产生排斥。将来条件成熟以后，可以尝试让用户免费阅读信息与使用服务，借以扩大访问量，通过手机广告获取收益。

三、电子报纸

面对互联网的迅猛发展，传统报纸遭遇到前所未有的挑战。互联网极大地改变了受众，特别是年轻受众的阅读习惯，抢占了大量传统报纸的广告份额。面对挑战，传统报纸媒体需要借助网络技术，进行自身改造，从而获取突破的机会。除了组建传媒集团，扩大经营范围，采取同网络媒体、手机媒体相融合的多元化发展、多媒介融合战略外，电子报纸的推出与发展，便是平面媒体发展的一种新形态。

所谓电子报纸，是指将多媒体技术、网络技术和通信技术应用到报刊出版、发行全过程的报纸新形态，它不同于网络报纸和手机报纸，有其独特的电子接收终端。某些单纯使用电子排版技术的报纸只是在报纸形成的某个环节利用了电子手段，并不能称其为电子报纸。

（一）电子报纸的特点

电子报纸，特别是无纸化的全新型电子报纸的出现，充分体现了电子报纸的生命力，其在各方面都具有鲜明的特点。

1. 出版周期短，时效性强

电子报纸具有及时、迅速与便捷的特点，省略了印刷与发行的全部流程，而其他的制作流程也基本实现了数字化和网络化，这大大提高了其出版发行效率，使其在缩短发行周期的同时也提高了信息传播的时效性；它即时传播的动态内容最具优势，充分利用了平面媒体与网络媒体各自的传播特点，有助于提高读者的阅读兴趣，增加报纸的发行量和阅读率。

2. 传播范围广

电子报纸的发行突破了区域发行的限制，完全可以避免传统发行模式因距离而导致信息内容严重滞后的缺陷，可以同步实现发行的全国化甚至全球化。也就是说，一份有影响力的电子报纸，其目标受众将不再受距离的制约，电子报纸完全可以凭借无线终端接收技术，让订户及时地阅读到来自远方的报纸。

3. 制作和传播的成本低

电子报纸在出版发行过程中完全取消了平面媒体对纸张的需求，极大地节约了纸张的使用，既降低了生产成本，也在环保方面获得了最大的效益。同时，电子报纸也改变了传统的报刊发行模式——电子报纸通过网络发送，极大地减少了报刊发行的环节，节约了大量的人力物力。当然，目前无纸化的新型电子报纸终端阅读器的生产价格还较高，但是随着应用的普及，其价格将逐步降低，完全可以满足广大用户的需要。

4. 使用方便

电子报纸的消费形式不再是传统的单独购买的方式，而主要是通过订阅下载的方式来进行阅读。如果采用传统方式，读者要阅读多份报纸，就需要单独购买多份，这就为读者多方位阅读信息带来不便。而新型的电子报纸可以通过一个阅读终端同时订阅多种报纸，极大地拓宽了阅读范围。而且随着电子介质、无线网络的发展，阅读终端可以做得和传统的纸质媒介一样轻薄，一样可以做到在任何时间、任意地点随意进行阅读、浏览。

（二）制约电子报纸发展的因素

电子报纸是传统平面报纸网络化、数字化的产物，在发展上也会受到各种因素的限制，主要可以概括为以下两个方面：

1. 技术和发行配套设施有待完善

电子报纸是技术发展的产物，也会受到技术的制约。目前国内外的电子报一般采用

PDF 技术，这就存在 PDF 版的生成问题。尽管 PDF 制作的电子报具有纸质报纸的质感和阅读效果，但这项技术目前在国内很不成熟。这里主要有两个问题：一是字体问题，字体不兼容往往导致版面丢失字体；二是 PDF 版电子报纸的阅读一般采用 Adobe Reader 软件，字体的缩小与放大操作比较麻烦，阅读起来还是不太方便。

此外，电子版的存储与传播技术也还需进一步提高，而且受到整体经济发展水平的制约，即使是报业发达的大城市，与电子报纸的发行订阅相关的配套设施也还需要进一步完善。

2. 受众的传统阅读习惯尚未根本改变

过去很多年以来，国外报界一直通过各种方法，希望能够以多种形式将新闻报道传递给读者，其中包括通过采用电子报纸发送新闻资讯。但是，许多读者养成的阅读习惯使得他们还是对平面报纸更加情有独钟。从这个意义讲，电子报纸仍无法完全取代传统报纸，许多读者不但通过电子传媒看新闻，同时也阅读平面报纸，这种局面估计在相当长的时间内将继续存在。

第二节 广播电视媒介融合传播及发展趋向

一、广播电视在媒介融合环境下的现状

媒介融合主要有两种形式，一种是内容复制，是将广播电视内容以位移的方式上传到互联网。传统广播电视媒体节目制作十分细致，多选择正面的内容。将其上传至互联网可有效扩大广播电视节目的影响力，同时也在网络上延伸了自身的形象，这也在一定程度上丰富了网络空间协议设置。另外一种是多平台互动，创设官方微信公众账号和微博等方式，网民可在网络平台上发表对节目的观点，参与到节目的话题讨论当中，丰富了传统的传播方式，媒体与观众互动明显增多，媒体的人性化特征也更为明显。

国家广播电视总局出台了多种政策促进媒介融合发展，鼓励广播电视台创办网络广播电视台，以新媒体和新渠道向社会宣传和引导重要的内容，充分发挥出网络电视的集成效应，且整合优势资源建设交互式网络电视中央集成播控总平台，对全国的业务予以统一管理，这也极大地推动了广播电视与新媒体的融合。但是，从我国当前的建设与发展现状来看，广播电视在新媒体中的影响力较小，用户的规模不大，微信客户端用户越来越多，且电视观众多为老年人群，电视开机率明显下降。站在产业规模的角度来看，互联网的总收入已经远远超过了我国广播电视广告收入的总和。站在效能的角度来看，传统广电媒体在

技术、人才、资金等多个方面均存在着十分显著的资源优势，但是其资源优势并未得到充分发挥，传统广播媒体已经从主流媒体逐渐变为边缘化媒体。

二、广播电视媒介融合发展的有效策略

（一）增强融合意识

推动媒介融合发展是发展技术和媒体行业改革的重要途径，而且其也是巩固和壮大主流思想舆论的阵地，是弘扬核心价值观的前提，媒介融合有利于满足现阶段人们的精神文化需求。受到新媒体的影响，传统媒体生存压力明显增大。所以，应正确认识新媒体的技术优势及传播特点，全面借鉴新媒体的表达方式、信息加工及传播形式，巧妙地入驻新媒体行业。

（二）创新发展理念

融合发展本身具有复杂性，其以创新为核心，互联网思维解释了互联网时代的内涵。在传统媒体发展中，要积极树立以用户为中心的理念，结合用户的需求提供个性化的产品，提供高质量的服务。再者，优化用户的使用体验，进而为用户提供更加专业化和个性化的产品及服务。又由于其更新的速度较快，新产品的推广周期较短，故而要以用户的反馈信息为基础，对产品进行科学的调整和改进。

应用互联网思维后，传统媒体需在速度、效率和质量上有所改变，重视信息的及时性，从而满足用户对新闻信息的需求，不断提高传播效率，为用户提供多样的个性化信息。传统媒体可以结合用户的特点和需要，推送高品质的内容，以更加精细的编排和清晰的画面吸引客户的注意力。并且还要重视经营客户，以客户为中心，为客户提供高品质的新型服务，增强用户的依赖性。

（三）重新确立融合流程

媒介融合发展应当积极冲破现有机制的束缚，创新工作流程。传统媒体的节目制作需要花费较高的成本，且制作周期较长，内容审核的方式也无法充分满足信息的高速更新和大规模传播的要求，为了满足新媒体传播的基本要求，需要积极创新工作流程。

在信息采集中，要扩大信息的来源渠道。在互联网技术高速发展的今天，内容生产主体数量明显增加，媒体内容增多，且呈现碎片化的发展趋势。诚然，诸多的新闻热点均由多媒体传播，但是在这一过程中公众也接收了大量的虚假信息。传统媒体应协助公众甄别海量信息，在采集到一手信息后，要对其进行精准加工，处理完成后方可传播给大众。

在内容编辑方面，多屏互动的传播新模式显著发展，同时，个性化内容需求也显著增加，在媒体发展中也出现了以用户为核心的内容生产发展模式。针对同样的新闻素材，可在新媒体平台播出新闻类节目，从而满足用户追踪社会热点的需求。在传统媒体平台上播出深度调查节目，能够满足用户对分析评论类节目的需求。另外，对娱乐节目中的花絮镜头简单编辑处理后，可将其传入新媒体平台播出，从而起到一定的宣传作用，为节目制造声势。

从审核机制的角度来看，应当始终坚持以社会效益为首的原则，转变审核方式，简化审核程序，不断提高审核的效率。如危机事件的现场报道若不能及时在官方发布，则可借助主流媒体发布，也可借助新媒体平台由网民或相关机构曝出。由于现场信息采集角度的不同，网络发布的内容也有所不同。传播速度比政府官方信息发布速度快，且公众接受信息也相对复杂，无法全面满足公众的知情权。此时媒体可利用收集拍摄和移动网络传送，将采集的信息回馈给编辑部，以远程审核的方式实现上传与审核同步进行，有效提高审核的效率。

（四）做好资源整合

新媒体是网络技术与信息有机结合的产物。所以，广电超媒介融合发展中应全面融合技术与信息内容，做到实质性的进步。首先，要利用大数据和云计算等先进科技，增强数据收集、存储、管理、分析和应用能力，不断创新内容的生产方式，加快信息传输的速度。其次，还要积极搭建多屏多终端推送服务，实现传统媒体与新媒体的无缝对接。实时把握技术发展的动态，加大新媒体技术的研究和发展力度，不断创新，进而解决发展中的重点问题。与此同时，要积极整合信息内容，整合历史资源、现实资源和未来资源，不断吸取人类优秀的文化成果，为发展提供强大的技术支持，以此保证线上资源与线下资源的有机结合，实现多种内容的同步传播。

（五）加强队伍建设

在媒介融合的过程中需要积极培养融合型人才。现如今互联网技术高速发展，因此创建一支高素质的人才队伍有着十分积极的作用。互联网上的信息十分庞杂，如不能坚持立场，则会出现价值观上的偏差，进而降低公信力，阻碍媒体行业未来的发展。所以，从业者必须具备较强的业务能力和职业素养，不断引导传统媒体的编辑记者及时适应新媒体的制作方式和多屏互动的特点。让从业者转变思维模式，打破传统思维的局限，寻求内容、管理和渠道等多个方面的发展与创新，以此全面带动媒介融合的快速深化。

第三节　网络媒介融合传播及发展趋向

目前，网络已经成为人们了解社会和探索世界的主要途径，在改变人们生活的同时，网络新闻传播的方式也逐渐被人们所关注。接下来，我们就深入了解一下网络新闻传播，并从不同角度去探讨网络新闻传播的发展对策。

一、网络新闻传播的认知

（一）网络新闻的定义

广义的网络新闻泛指通过互联网进行传受的新闻。任何可用的网络技术和网络功能，比如网络论坛、网络通讯、博客和播客、万维网站、邮件列表以及其他新闻组等，无论是单一还是复合使用，都可以称为新闻传播的有效途径。而那些专业媒介机构，甚至是非专业的媒介机构或个人，就是新闻幕后的传播者。

我国的网络新闻主要包括数字化广播和电视发布的新闻，也存在一些传统媒体网站、传媒集团综合新闻网站、商业网站新闻频道等提供的新闻。但是，这些完全由专业新闻媒体发布的互联网新闻，属于狭义上的网络新闻。

（二）网络新闻传播的特点

由于传播方式的差异，新闻可以被分成广播新闻、电视新闻、报刊新闻、网络新闻等。其中，媒介传播的物质基础是新闻传播的硬件设备，主要是指传输系统，而媒介传播的符号系统则属于是软件系统，“硬件”和“软件”的结合方式最终决定了新闻的传播方式。

较早产生的报刊和广播，其传播符号比较单一，只有文字或声音，再加上各自的传输系统，使报刊具有对受众文化程度要求较高、易保存、报道易深入但不够形象的特点，而广播具有受众面广、传播迅速，但稍纵即逝的特点。之后诞生的电视，同时拥有声音、画面、文字等传播符号，因此生动形象、传播迅速，但不易保存。随着历史的发展，媒介传播符号越来越丰富，网络媒体则实现了文本、声音及各种图像等在数字化环境中的集合，这使得基于互联网进行传播的网络新闻拥有了一些与传统媒体新闻相区别的特点，具体如下：

1. 容量大

众所周知，报纸每天的版面是有限的（尽管在特殊情况下报纸可以扩版或者出“号外”)，广播、电视则要受节目的播出时间长度和频道资源的限制，因此，从信息总量上来衡量，传统三大传播媒介的信息容量是有限的。而互联网上的新闻信息则可以用“取之不尽，用之不竭”来形容。互联网就像是一个巨大的数据库，它打破了传统广播电视线性的传播方式，可以纵向保存历史信息，这又使得互联网上的新闻拥有了可存储与可再现的特点。

当前新闻信息大多是通过万维网发布的，因此也有人把依托计算机网络传播的新闻称为“在线新闻”。万维网是因特网提供的一种高级浏览服务，它把超文本、超媒体的概念延伸到了一个成员众多的计算机集合之中，也就是说，它将遍及全球的 Web（Web 本意是蜘蛛网和网的意思，在网页设计中称为网页的意思）站点所储存的大量的多媒体信息以超链接方式编织在一起，上网的用户只需用鼠标点击网页上的链接字、热键或图标就可以链接到其他网页，从而获得其他网页上的相关新闻报道或背景资料，这些新闻报道或背量资料可以是文字和图片图表性质的，也可以是动画的、声音的或声像兼备的，以便人们从多方面进一步了解新闻事实，从这个意义上说，网络新闻实际上是新闻与信息资料的组合体。

随着社会的发展，人们文化层次的普遍提高，受众在获得新闻的时候想更多地知道新闻的背景和其他相关报道，使自己对事件有全面的把握。但是，传统媒体有限的容量在受众无限的阅听愿望面前显得力不从心，报纸、广播、电视有时也能刊登、播发一些相关报道和背景资料，却由于版面和节目时间的限制显得远远不够，网络新闻的出现恰恰弥补了传统媒体的不足，可以很好地满足受众对新闻信息的全方位需求。

2. 内容丰富

（1）传统新闻传播的内容。传统大众传播的方式大致是相同的，即信息都沿着“信息→传播者→传播渠道→受众”的线性方向传递，这无论是在拉斯韦尔的 5W 模式中，还是在拉扎斯菲尔德的两极传播模式或是德弗勒的双循环模式中都有所体现，这种传播方式使得传播者在传播过程中自然而然地居于中心地位，他们（记者、编辑以及媒体决策者）决定着信息的采集、汇总、过滤和流向，成为配置信息资源、控制信息传播的“把关人”，而处于信息终端的受众无法直接面对丰富的信息源，只能接受“把关人”的信息控制。具体而言，传统新闻媒介的特权主要表现在以下两个方面：

第一，接近信息源。现在，大部分国家都能够保障公众的知晓权和新闻机构的采访权，殊不知，这样的权力是广大新闻媒介以“大众代言人”的身份，经过了长期的不懈斗争而得来的。这些新闻媒介以争取“新闻自由”为旗号，以保证公众的知晓权为由靠近信息源，把一般群体接触不到的信息公之于众，并成为大众传播系统中的职业“把关人”。但是，从另一个角度分析，新闻媒体在获得公众和社会认可的同时，却把公众的知晓权巧

妙地变成了自己接近新闻源的一种行为特权

第二，掌握传播渠道，过滤信息。传统大众新闻媒体是新闻传播的主要渠道，并且，新闻信息能否被报道也取决于这些新闻媒体，那些不符合媒介价值标准的信息，可能会被缓报或少报，甚至是完全不报。所以，新闻媒介的价值观和各种社会力量的制约，成为影响新闻信息传播的关键因素。在单一的传播渠道中，以及那些被高度垄断的传统新闻体系中，掌控新闻传播渠道的现象就更加明显。

(2) 网络新闻传播的内容。网络传播与传统新闻传播全然不同。互联网的出现打破了传统的新闻传播秩序，由于它的工作内容不再受新闻中心的控制，那些单向或线性传播新闻的方式，将永远被抛弃。在计算机网络互联的世界里，网络提供了许多信息传递线路，计算机可以通过其中任意一条可用线路来发送信息，为了保证这些线路的正常运行，互联网还制定了传输控制协议，也叫网际协议，被简称为 TCP 或 IP 协议，当网络发现哪些线路节点被破坏时，根据 TCP/IP 协议，被传递的信息可以自动绕过这些节点，通过其他路径把网络重新连接起来，这就使得新闻信息在电子空间里呈多向度、发散式的网状传播，可以将这种传媒结构比作新闻与信息交流的一个矩阵（Matrix）、一张经纬交错的渔网（Net）或四通八达的蛛网（Web），这种网络化的信息系统不同于传统的物理信息空间，具有高度开放性传统大众传播中常见的“信息把关”“信息过滤”很难再发生作用，因为在网上对传送的新闻信息设置中心阻塞点进行封锁已是不太可能，用户可以通过多节点的链接访问，绕开把关人设置的信息障碍，这样，不分国家、民族，不论思想，任何人都可以进入网络自由地获取信息，而传统媒体网站、专门从事新闻传播的网络自生媒体、非专门从事新闻传播的网站以及形形色色的个人，都可以成为传播主体，于是网络传播呈现出多元化的趋势。在互联网这张分散型的传播巨网里，凭借着大规模的信息交流系统，个人和组织可以利用电脑建立多向的相互联系，基于这些自由的网结中就能够随意地生产和发布信息，并且，其中每一条信息都会流入到网络的经纬之中，网络新闻因此而内容丰富。

互联网不仅突破了传统新闻媒介的特权，还因其超链接的新技术和强大的储存能力使网络新闻拥有了独特的整合能力。人们阅读一份报纸，观看一期新闻节目，获知的只是某一家媒体对某一事件的报道或看法，然而，随着人们对新闻信息需求层次的不断提高，人们期待摆脱对信息源的片面依赖，获得更丰富、立体的新闻信息，看到更加全面、真实的世界，而这对于绝大多数还没有采访权的网络媒体来说，其拥有的独特的整合能力恰好成为展现竞争力的切入点。

当前，经整合的网络新闻大多数是用超链接的技术来呈现的，即运用链接的方式把相关内容联系起来，使其成为一个有机的整体，实现新闻资源利用的最大化。超链接在较大意义上改变了读者的阅读方式，发展了人类思维活动的多向性。整合各媒体所发布新闻的手法的运用，在新闻内容上极大地满足了受众的需求。

3. 传播面广

回顾人类传播史，每诞生一种新的媒介，在传播范围上就会有所拓展。从报纸的出现到广播电台的普及，新闻的传播首先跨越了时间的障碍，可是，无论发行量足够大，还是覆盖面足够广，都没有消除国家政策或其物理特性对新闻传播的影响，即使国际广播电台的电波可以穿越国境，但由于数量上的不足，其传播范围仍旧没能覆盖到全球的每个角落。后来又发展到卫星电视，然而，尽管可以接收到许多国家的电视节目，可普通家庭并不能承受起收视设备的价格，真正能够实时观看外国电视节目的人数却非常有限。一直到现在的互联网时代，人们才从某种意义上突破了地域的限制，只要拥有一台接入了互联网的计算机，就能够与世界上其他的计算机自由地进行信息互换。

自近代科学技术诞生以来，科技文化的发展有了很大的进步，从基础的器物层次和制度层次，逐渐地建立起一个具有行为规范和价值观念的独立体系。作为科技文化的一种，网络传播的前提就是要满足网络新闻传播的普遍适用性。传统的历史文化、民族观念、地理位置等因素对新闻传播的限制，彻底被先进的科技文化所打破，被人类共同创造、共同接受、共同享用的科技文化，成为世界的“共同语言”。

在互联网上，每台终端计算机都只有一个互联网协议（IP 地址），可以标明自己的位置，自己的身份。计算机以这个地址上网，实现计算机与计算机之间、计算机与网络之间的沟通。网上还有一种每台终端都懂得的语言文字“协议”。有了“IP 地址”和“协议”，计算机之间就可以相互交换信息了。

既然通过网络可以随时随地向世界观众发布新闻信息，那么，当观众接收远距离的新闻时，将不再受国界、频道、气候等客观因素的影响，网络新闻的真实性和时效性就可以发挥到最大的价值。

4. 时效性强

电波的传播速度可以达到每秒 30 万千米，光纤就是一种与之有同样功效的信息载体。为了保障信息的传递速度，互联网采用光纤通讯线路，无论用户何时打开电脑，都能直接地接收到万里之外的新闻媒体发出的最新新闻信息，同时，网络新闻信息的制作与传播，比传统媒介也要简便很多。原始的报纸印刷术先要录入稿件的文字和图片，然后经计算机排版和激光机制版，才能形成可供阅读的报纸，并且，在送到读者手中之前，还要经历各级不同的销售渠道，这些环节都大大降低了新闻信息的时效性。虽然电台广播和电视节目节省了大量的印刷环节，但是，前期的拍摄、配音以及后期的编辑等工作，也需要大量的制作时间。只有网络新闻对文字信息和声像内容不需要特殊的加工，就可以直接传播出去，这对于那些像突发事件等对时效性有严格要求的新闻报道来说，就是莫大的支持。

网络新闻的高时效常常表现在新闻的“滚动”传播方式上。网络新闻传播不必像报纸那样有截稿时间的限制，也不必像广播、电视那样要等待节目的播出时段，网络传播可以很方便地实现刷新，为人们提供更为丰富和展现事物动态全貌的新闻信息，同步传播本来是只有通讯社、电台和电视台具备的极富吸引力的功能，如今却被越来越多的网络媒体自觉地加以使用。新浪网在最初推出滚动新闻时，用每五分钟更新一次新闻的方式领先于对手，而现在打开新浪的滚动新闻页面，看到的是“每分钟刷新一次”。

5. 接收选择个人化

就新闻传播而言，尽管报纸按内容划分出了不同的版面或出不同内容的特刊，广播电视按受众的不同需求向“窄播”向发展，具体运作上则既有节目的分化，又有频道的专门化，但在空前强调个体的今天，仍无法完全满足受众的个性化需求。“窄播”发展到极致便是个人化——受众从大众到小众，再到具体的个人。

每个人都是一个独特的个体，作为独特的个体，他们有不同的信息需求，而在以报纸、广播和电视为代表的大众传播中，都是遵循“大多数”原则。传播者要根据有限的反馈信息，估测出不同社会和不同政治背景下受众的需求，并利用主流的传播媒介向广大群众传递大量的新闻信息。这种以点对面的单向传播的信息，被认为是最适合大多数受众需要的新闻信息。由于传播者没有与受众进行“点对点”交流，自然不能按照目标受众的个性化需求传递有效的信息，其所售出的报纸或制作的节目更不会只满足哪一小部分群体的阅读喜好。结果就是当读者（听众、观众）在拿到一份报纸（听、看一个节目）时，只有一部分甚至根本就没有自己感兴趣或有用的新闻信息。这一方面造成了信息本身以及资源（纸张、频道）的浪费；另一方面又浪费了受众大量的时间、金钱。于是，让媒体能够为“我”——一个独一无二的个体，提供专门的新闻信息便成了很多人都想实现的事。

网络帮助人们实现了这一梦想，在网上，任何人都可以主动地寻找并拉出自己想要的新闻信息。在这一推一拉的转换之间，网络新闻在接收选择上实现了向个人化的转变。现在，越来越多的网站推出了可以由用户自己随意定制的个性化新闻，例如，谷歌的个性化主页服务，使人们可以创建一个自己的个性化主页，选择自己感兴趣的新闻（如科技、财经、体育、娱乐等）和自己需要的服务（如天气预报、日历等）设置为主页，不用依次打开页面，从密密麻麻的新闻资讯中去逐步筛选，而百度的个性化新闻可以由用户设置自己关心的相关主题关键词新闻和选择自己关心的地区新闻。

6. 传受过程交互性强

因为传统的新闻媒体受到单向传播的约束，即使报刊和电台增加了一些专栏、点播等游戏性的项目，还有电视台的谈话节目等，但都没有突破交互程度上的限制，人们从传统媒体获取新闻的方式仍旧是被动的。然而，网络时代的到来使传受双方的地位发生了根本性的变化。受众不再是信息被动的接受者，他们有了主动选择的权利，整个信息传播过程都成了交互式的互动过程。一般而言，这种交互可以通过三种具体方式进行：一是编读之间通过互发电子邮件进行交流，这种互动与报纸的读者来信和电台的热线电话没有本质区别，只是更为便捷和快速；二是网民可以把对某一事件的意见和看法发布在个人或公共的论坛上，也可以把自己获得的新闻信息粘贴在某个公告板上，供其他网民讨论；三是报道新闻的记者和编辑可以开设自己的聊天室，在聊天室里与网民开展座谈式的交流，而且，这种座谈不受地域、场所和人数上的限制，只要有网络支持任何地方的人都可以参加，除非是个别工作需要，再考虑将受访者邀请至现场，这样，网民就能够及时地反馈出自己的欲知需求。

7. 新闻表达多媒体化

互联网作为集文字、声音和图像于一体的多媒体平台，不仅可以发布文本信息和图像信息等基本的新闻信息，也可以传递语音信息或视频信息等多媒体的新闻信息。多媒体新闻的技术基础是多媒体技术和宽带网络技术，用户可以通过安装媒体播放器之类的播放软件，随时获取网络新闻媒体传送的音频、视频新闻节目。

多媒体新闻的魅力在于丰富多彩的内容——既可以有文字、图片、图表报道，也可以有精彩生动的动画、声像报道。这种图文并茂、声像兼备的新闻比传统新闻更具感染力。

二、网络新闻传播的模式

网络新闻的传播打破了传统媒介的单一的传播形态，形成了大众传播与人际传播，小组传播等多种传播模式并存的态势，并且使人际传播、小组传播突破了时间、地域等的局限，拓宽了传播的广度，加大了传播的深度，由于网络传播集纳了人类有史以来创造的多种信息传播类型，且使各种传播类型的界限逐渐模糊以至难以确定，因此，在分析网络传播模式之前，要分析网络信息传播包括哪些传播行为。从传播方式看，网络上新闻信息的流通主要有四种方式：①个人对个人的异步传播，例如电子邮件；②个人对多人的异步传播，例如电子公告牌系统（BBS）；③个人对个人，或个人对不确定的多人的同步传播，例如在线聊天；④多人（包括团体）对个人，个人对个人，个人对多人的异步传播，例如从博客，新闻网站（或商业网站的新闻频道）上接收各种新闻信息的活动。

（一）传统新闻传播模式

在考察网络新闻传播模式之前，需要先将它与传统的新闻传播模式进行比较，新闻媒介存在的意义在于构建新闻事实与接收者之间的联系通道，以报纸、广播和电视为代表的传统新闻媒介，是以一种媒体向受众单向流动的模式进行传播的。

传统新闻传播模式显示了传统新闻媒介的如下传播特性：

第一，在信息传递过程中，受众与职业传播者是相区别的、相对固定的群体。职业传播者掌握着传播权，将信息进行选择、加工、建构后，以文字、图片或者音频、视频的形式传播出去，作为普通受众，处于被动接收地位，而有限的选择也是在职业传播者把关、框定的范围之内进行的。

第二，传统新闻传播大体以一种单向流动的模式进行，很多新闻信息都是由媒体传向受众的；相对地，来自受众的反馈实在是少之又少。尽管为了密切传受双方的交流，更好地了解受众的需求与意见，传统媒体进行了许多努力，如报纸有“读者来信”专栏，电台设立了热线电话，电视台还开办了邀请部分观众参与的各种节目，但这种交流互动因为技术条件的限制，只能获得极少量的信息反馈，媒介再根据有限的不精确的反馈信息和传者对公众需要的估测及传播政策的要求传送出信息，换言之，这种反馈更多地体现为一种“反应”，是在原来发出的信息内容影响下进行的双向交流，由此传播内容也显得相对固化。

第三，受众是一个庞大的群体，年龄、职业、性别、爱好、兴趣不尽相同，但长期以来，传统新闻媒体只能向人数众多、构成复杂的受众发送共同的信息。虽然随着市场的分化，针对不同受众的小众性报刊、电台和电视频道纷纷出现，但受众与传播者之间的鸿沟依然存在。受众对于传统媒介提供的信息，很难算是真正意义上的各取所需，只能说是一种比较性选择。

（二）网络新闻传播模式的特性

第一，网络新闻传播模式是非线性的、交互的。无论是新闻信息的发布者还是接收者，他们都是网络媒介的共同使用者，当发布新闻信息时，就是传播者，当接收新闻信息时，就是接收者，最终的新闻信息内容实际上由交流过程中双方发出的讯息共同构成。网络对任何人都是开放的，每个上网者都可以自由地选择接收，也可以发出自己的声音并对其进行修改或否定，以 BBS 为例，最初的发帖者可以是发布信息，也可以是寻求信息，之后跟帖的网民可能只是单纯地了解信息，也可能对已发布的新闻进行补充，如此，传者和受者之间的界限模糊了，甚至不存在了。

第二，网络新闻传播模式的核心在于共享。共享是网络的生命，网民到网络中各取所需。虽然可能个人使用网络的水平不同而导致利用程度不一，但是每个人对网络媒介的控制权利是平等的，且任何一方都不可能完全控制和占有网络媒介。

第三，网络新闻传播模式中，互联网用户作为个体来寻求、获取自己需要的信息。每个人在选择和接受信息时都是个性化的，由他们构成的网上大众，必须看作是每个人的相加，而不是一个大多数化了的整体。

（三）新时期网络新闻传播模式的特性

新时期网络新闻传播模式即多人（包括团体）对个人、个人对个人、个人对多人的异步传播，它是可以和传统大众传播并提的一种极具特性的传播方式。这个模式体现了以下传播特性：

第一，网络大众传播中，虽然传播过程中各种因素的关系有了很大的改变，但是仍然具有很强的交互性。尽管媒介控制者依然存在，但是他们可能同时也是接收者；同样，受众不仅仅是单纯的新闻接收者，也可能是新闻的发布者，因此，在网络大众传播中，媒介控制者与接收者之间同样存在着统一的可能性，专业新闻网站设有留言，还有专门的评论板块，受众可以增添、更正新闻报道，也可以发表自己的意见；博客设有评论栏，有的博客主人会应评论者要求发布相关信息，有的则会做出反应、表明态度等，比较热门的博客往往是评论多于日志。

相比报纸的读者来信、广播的热线电话和电视的谈话类节目等所获取的少量反馈，这些形式的互动所获取的信息量要大得多，有效性要高得多，参与互动的传播要素的范围也要广得多。更重要的是，这种频繁而丰富的互动容易使传播者和接收者之间的界限变得模糊。

第二，新时期网络新闻传播模式，传受双方的地位对等而不平等。所谓对等，是指网络作为信息传播的平台，为传受双方的平等交换提供了充足的技术支持和传播环境。而不是像传统媒介那样，必须以经济基础和社会地位为前提，由一方控制新闻信息，再通过媒体的选择、加工传播给另一方。在网络这个平台上，传受双方的交流可以是对等的，新闻传播者与接收者之间的事实信息与评价可以进行对等的交换。

此外，随着网络技术的不断进步，构成新闻事实的各个要素在数字化之后，都能更自由、更完全地被转化、传送和还原，加上不同的接收者的互动补充，新闻事实得以从不同角度被全方位、直观地展示出来。这也就改变了以往传播者接触第一手材料，受众只能接收到经过选择加工后的新闻的状况。

但是，这并不是就意味着传受双方的地位完全平等：首先，作为职业的新闻机构，其拥有的经济基础、社会资源、新闻源、报道设备、专业技术等，是普通公众无法比拟的。普通人也许是新闻事件的目击者并成为率先报道者，但是对于新闻事件的详细报道、后续报道和报道的规模而言，职业的新闻机构还是占有较大的优势，很多受众仍然只能作为一个接收者，在专业新闻网站中接收新闻信息。至于非职业的新闻发布机构或是个人也拥有自己的优势，例如博客；其次，在新闻实践中，新闻传播活动受到社会规则和政策的制约，而且与新闻传播机构的利益密切相关，这就决定了新闻传播者常常把交互的通道掌握在自己手中。专业新闻网站尽管拥有许多方便快捷的互动方式，但是其中的大部分都被他们牢牢地控制了。比如在专业新闻网站，不管是直接发表留言，还是在BBS上发表意见或评论，都属于该网站管理员的管辖范围。非职业的新闻发布者也是一样，博客主人对博客上言论的筛选、删除乃至关闭评论版的行为时有发生，这也属于他们的合法权利。可见，在这种传播模式中，传播者和受众的地位仍然不是完全平等的。尽管传受双方拥有对等的传播、交换新闻信息的权力，但是在实践中，传播者仍然拥有较强的信息支配权和控制权。

第三，新时期网络新闻传播模式是开放的、自由的。网络打破了时间和空间的距离，新闻信息传播范围变得漫无边际，不同于传统媒体单一的传播主体，网络大众传播的主体是多元的，发布新闻的可以是传统媒体网站、网络自生媒体，也可以是社会群体或者个人。比如要了解一个最新消息，可以登录新华网阅读相关报道，可以去搜狐新闻中心了解，也可以到相关新浪网上的博客直接阅读日志。网络媒体的诞生使受众的自由度空前地提高了，不管是接收新闻信息的内容、信息的来源还是接收的方式，都拥有多种选择。

第四，尽管网络大众传播媒介的把关仍然存在，但由于互联网的开放、自由和丰富多彩，其产生的作用已经发生了变化。网络媒体和传统媒体一样，也需要对新闻事实进行加工，博客一类的非专业新闻传播者也不例外，传播者总是拥有自己的立场，会或多或少地对新闻事实进行选择和加工，但是在网络媒介中，两端均是双向交流状态，接收者也可以方便地发送信息，表达观点。同时，因为传播主体的多元化，接收者可以方便地从不同媒体甚至通过别的接收者获得相关的新闻信息，这样，接收者也与媒体控制者一样，有主动处理和支配信息的权力，不仅如此，在参与性新闻传播中，接收者本身就是新闻事实的当事人。

三、网络新闻传播的发展趋向

（一）新闻网站进一步细化

传统互联网是综合门户时代，以雅虎、新浪、搜狐等为典型代表，但受众真正需要的综合门户网站的数量是很有限的。现在存在着“千网一面”的现象——密密麻麻排列着文字链接的首页上，各个领域的内容都有涉及。事实上，网民的需求存在“细分”趋向，而大量的深层信息需求则需要特色网站和专业网站来满足。对此，有关管理部门在几年前就提出互联网新闻传播要“办出特色，做大做强”。

以地方新闻网站为例，虽然市场运作略低于商业网站，但是地方新闻网站也有自己的优势。商业网站和中央新闻网站可以统揽全局，但是很难深入地方发掘新闻资讯信息，而网络受众更加关注那些与自己利益相关的本地新闻，因而充分挖掘新闻价值中的贴近性，实际上是抓住了市场需求。而且，地方网站比任何网络新闻机构都了解本地的风土人情，这些都是他们与生俱来的优势。例如，“浙江在线”就深谙此道，经过多年的摸索，在内容建设上逐渐清晰地勾勒出地方新闻网站的发展方向，确立了做足地方特色这个立足点，对浙江省内的重大新闻事件“浙江在线”都在第一时间全方位、多角度、立体式地进行报道，成为当地权威信息的重要发布平台。“浙江在线”还非常重视做好本地资讯服务，从天气预报、电子地图，到省内各地的旅游建议、消费参考应有尽有，在高考期间还设置了高考成绩及录取结果查询，力求成为当地老百姓的生活导航站。

再如专业网络新闻媒体，它与门户网站提供的新闻最大的区别就是专业新闻拥有固定客户群体，可以集中精力为网民提供某一个领域全面的、个性的服务，这样，信息与服务围绕着特定的领域展开，结构呈现出纵向与系统连贯性相结合的特点，把某个相关领域的信息做深、做透，在多样化、个性化的信息时代，为网民提供以其个人需求为出发点的信息，必定能聚集起网民的注意力。财经证券类网站，把财经、证券方面的信息做深做透，股市的各类信息应有尽有，分析评论全面周到，还有各种服务功能，就可以吸引大量财经人士的关注，又如体育类网站，除了提供综合网站也有的体育新闻外，还充分利用专业资源，全面提供体育科技、体育时尚、体育旅游、体育博彩、体育百科、体育组织等方面的信息，这就不难得到众多体育迷的青睐。

因此，未来的网络新闻将不再是综合门户网站一统天下的局面，专业特色网站将不断涌现，以更好地满足网民各方面的信息需求，从而吸引更多的人到互联网上寻求所需要的信息。

（二）网络新闻的整合与原创

一直以来，整合都是大部分新闻网站的重点所在，他们与传统媒体广泛合作，体现出了巨大的储存和再现功能。好的整合往往视角独特，通过整合各方信息对新闻进行全面、独特、新颖的解读，能使网络新闻发挥出传播迅速、信息海量和非线性传播的优势，国外的美国在线（AOL）、国内的新浪，都是整合模式成功的典范。新浪网没有采访权，不能采写自己的新闻，但它同一百五十多家媒体签有协议，再加上一套行之有效的整合方式，使它成为无数网民阅读新闻的首选网站。但是，整合并不是网络新闻的全部，特别是在将来免费时代渐行渐远时，原创将会成为大多数新闻网站运作的重点，深厚、扎实的原创内容才是网络新闻媒体将来得以真正发展的资本。换言之，在免费时代，整合的魅力也许是无法阻挡的，然而，当收费模式为人们普遍接受的时候，原创内容，独特服务将帮助网络媒体在竞争中走得更远。

所以，根据现有政策允许的范围和网络环境下的媒体运作特性，整合式原创是一种较好的方式。整合式原创的具体手段多种多样。例如，可以在集中、归纳、分析原有稿件的基础上，提出自己的观点，给出对新闻的独特解读；同样，对于只拥有有限的采访权的网络媒体而言，充分利用最新技术，调动网民成为内容的生产者、提供者，也会形成自己的独家报道。

（三）网络新闻的科技和情感平衡

网络作为一种高科技，其高情感的因素也定会一步步凸显出来。从网络社区、BBS 到博客、播客……它们的兴起无一不与其中蕴含的高情感因素相关。在网络社区中，成员的交流程度甚至高于现实生活中的社区，他们因为有相同点而聚集在一起，寻求现代高节奏生活中渐渐淡化的人际交流。而 BBS 更是一个人情味很浓的地方，网民在那里传递消息、讲述故事、述说情感，其他人进来参加讨论也是掺杂了许多情感因素的。当前，蓬勃发展的博客也是感性多于理性的个人媒体。很多博客都被作为一个倾吐自己心声，与网友进行心灵交流的场所：日记式的形式，充满个人感触的内容，还有开放的留言板，可以说都是通过高技术进行的情感抒发和交流。关于播客，点击率高的播客往往是人情味极浓的。播客在很大程度上是草根文化的体现，它给网民带来精神上的满足和心灵上的享受。网络新闻传播若要凸显其高情感，就需要有“人的加入”。

（四）网络新闻“信息的信息”

个人和组织在互联网上传播信息的空前自由，在为人类社会提供丰富多彩的信息内容的同时，也制造出大批信息垃圾，缺少了以往大众传播媒介对信息的严格把关和挑选，信息资源必然会让网络成为一个资料太多而知识太少的世界。

过多的信息让人们无所适从，无法在浩如烟海的信息中做出正确、有效、省时的选择。从某种意义上说，没有经过组织与控制的信息不算是资源。如果互联网上的新闻信息始终保持着一种紊乱无序的状态，人们将面对一种资源富饶的贫困。在众多信息中找到自己所需要的信息，网络用户需要“专家”的指点和帮助。在这样的变化背景下，网络新闻传播者的职业内涵和工作重心将由传统上的信息采集者变为信息的整理者和思考者，为人们提供真实、可靠、高效的新闻信息。

事实上，同接受传统媒体新闻相比，受众对网络新闻的接受心理、接受习惯有着明显的不同。在社会环境因素与网络新闻传播技术因素的综合作用下，受众接受网络信息传播的心理预期呈现出快速获取最新信息，主动选择真实信息，精确接近深度信息的特征，受众往往是跳跃式地寻找网络新闻，扫描式地阅读网络新闻，或直接用搜索引擎搜索自己的目标。这些都提醒人们在网络新闻的发展中要加大对信息“整理者”这一身份的重视。

除了将更多的工作重心放在为人们整理信息方面，网络新闻传播者还要善于分析信息的背景及其所蕴含的意义，做信息的“思考者”，为用户提供“关于信息的信息”，成为信息汪洋的导航者，指导用户不至于被信息的海洋所湮没。

（五）网络新闻从个人媒体到群体智慧

当今，互联网的用户需求呈现出独立的个性化和群体的社会化的双重需求。而个性化和社会化这二者并不矛盾，独立的个性化是社会化的前提。网络的个性化需求是网络用户的基本需求，互联网的发展降低了自我表达的难度，更多普通网络用户可以借助互联网实现自我展现，这样网络用户的这种基本需求就逐步延伸到了网络社会中。越来越多的用户在互联网中展示自我，众多网络用户对互联网的贡献产生了群体效应。因此，将来的网络新闻将更突出个体，准确地说又不仅仅停留在突出个体，而是由个人媒体的大集合形成集体智慧，激发个体潜能从而促进整个互联网的发展。

第四节　移动媒介融合传播及发展趋向

一、微博新闻传播

微博是微型博客的简称。用户使用微博，可以实现即时的信息分享和互动，也可以实现信息的传播和获取，但前提是用户每次在微博上发布的消息不能超过 140 字。2007 年以来，微博开始在中国发展，并且发展非常迅猛。中国几大新闻门户网站，如新浪、网易和搜狐，以及腾讯，都相继推出了微博平台。近三年来，微博在中国呈现了井喷式的发展，微博用户的数量迅速增长，微博上新闻的传播对于舆论格局的影响也不可低估。

（一）微博的新闻信息与传统新闻报道的不同

微博的新闻信息相比于传统新闻稿件来说，差异性体现在以下几个方面：

1. 微博新闻信息是碎片化的信息，不讲求新闻六要素的齐全

微博新闻信息类似于传统新闻中的简明新闻，它的字数要求必须是在 140 字以内，所以，信息的发布者要对信息发布内容进行筛选过滤，其筛选过滤的标准是尽可能地在 140 字内表达出基本内容，对信息的完整性没有要求。信息发布的把关者是个人而非媒体。

2. 微博新闻信息的语言不同于传统新闻报道的新闻语言

传统新闻报道要求记者从事新闻报道时，所使用的语言以准确、清晰、生动为主要特征。新闻报道应该符合祖国的语言规范，这不仅是指写报道时要注意语法、修辞和逻辑，也包括不允许滥用方言土语。而且，新闻语言既要规范，又要有时代气息。但是微博新闻信息的发布者是个人，其使用的语言是个性化的生活化的语言。这种语言更贴近生活实际，贴近时代环境，更易于大众的传播和交流。这也可以说明，在获知新闻信息的时候，只要新闻语言基本能够表达内容，大众对微博新闻语言并不挑剔，更关注的是内容，更容易忽略对其语言的要求。

3. 微博新闻信息的新闻价值的衡量与把关不同于传统新闻报道

传统新闻报道对新闻信息的新闻价值要先做衡量和把关，然后才能发布新闻。微博新闻信息的发布是以个人的兴趣点为标准，主观上不追求理论意义上的新闻价值，以得到受众的反馈和参与的数量与范围作为其信息价值的评判标准。微博新闻信息只要不涉及敏感和违法的内容，一般都不会被审核与把关。

微博时代的来临，给新闻资讯传播领域注入了一剂强心针，传播从大众传播进入到大众自传播的全民发声的阶段。那么在人人可以当记者的微博时代，传统新闻媒体会发生什么样的变化呢？

一是融合。报纸、广播和电视媒体同微博并不单纯是一种竞争的关系，现在媒介融合已经成为主流，传统媒体和微博也可以走融合之路。传统媒体可以开通自己的实名微博，利用微博这一平台，有选择、有步骤地发布自己掌握的比较权威的资讯，既可以丰富自身的传播渠道，也可以增强新闻传播的时效性，扩大媒体的影响力。但需要注意的一点是，媒体在微博上应该注意与微博用户的互动，不要出现只发布不回应的现象，这样会影响微博用户对此媒体关注的热情，影响传播的效果。

二是互补。微博虽然在传播信息、引导舆论方面有着巨大的影响力，但是其自身也有相当的局限。一方面，微博发布信息的真伪通常难以判定。传统媒体虽然在时效性和传播的广度上难以与微博相比，但是其可以利用自身的优点和微博进行优势互补。例如，微博的信息虽然真伪难辨，但是微博可以提供广泛的信息源，可以给传统媒体提供新闻线索。传统媒体可以对信息进行验证，利用自身的权威性和公信力，发布经过检验的真实信息，这样和微博可以取长补短。另一方面，微博由于字数的限制，信息的内容不够系统和完整，很难进行深度的剖析和评论。一个新闻事件的后续报道也很难及时跟上，难以形成信息发布的连续性。而进行深度报道，是传统媒体的强项，在这方面二者也可以进行互补。

（二）微博新闻传播的特征

1. 爆发性传播

传统的新闻传播方式是一种点对点或者点对面的自上而下的单向传播；微博新闻传播是一种多对多、面对面的传播模式。比较重大的新闻信息，通过网友的关注、转发以及评论，可以在短时间内迅速地进行病毒式爆发性的传播。

2. 随时性传播

传统的新闻报道，一般要经过记者的采访，然后写成稿件，经过三审，才能发布面世。而在微博中传播新闻，是随时随地的。手机和 5G 技术的广泛使用，使普通网民随时都能发布身边的信息，成为临时的新闻报道者，或者被称为公民记者。在传播渠道上，网民可以通过多种方式随时发布微博，例如桌面客户端、手机客户端、iPad 客户端、在线更新、手机短信等。这种传播渠道的多元化，更有利于微博用户即时发布和更新信息。

3. 多源头传播

在发生重大新闻事件的时候，目击者、经历者和旁观者都可以通过微博平台发布信息，信息的传播呈现多个源头的特点。而多个源头的信息发布，可以使微博用户从多个角度了解新闻信息，并且互相验证。这也有利于形成集合传播的强势，推动信息的传播力度。

4. 互动性传播

传统的媒体传播是一种自上而下的单向传播，互动性较弱，用户是以受众的身份存在的，即使可以用读者来信或者热线电话的方式反馈信息接收的情况，也因为时间上的滞后而丧失效果。而在微博新闻传播中，微博用户不仅仅是信息的接收者，他们可以进行即时的互动、交流、评论，或者补充提供相关信息，而成为信息的发布者。这种即时的互动交流可以大大提高热点问题的关注度和影响力。

5. 碎片化传播与多源性信息整合

微博传递的新闻信息往往是碎片化的。首先是因为微博发布信息的字数被限制在 140 字以内，在这样的形式框架之下，很难完整地描述新闻事件的始末。再就是作为公民记者的微博用户，由于绝大多数都缺乏新闻报道的专业素养，所以记录新闻事件的时候也往往不够严谨系统，容易东一榔头，西一棒槌，而且由于即时发布信息，公民记者们也很难了解事件的全貌。但是当一事件成为微博新闻热点之后，此事件的耳闻目见者在通过关注和转发评论之时，也会附带将自己对此事件的了解发布上来，从而由多个信息源头呈现事件的各个侧面，完成信息的多源性整合。

（三）微博新闻传播的双刃剑——局限和优势

第一，140字的字数限制，对新闻信息内容的容量有了形式上的限制，进而影响到内容的完善表达。在微博上传递新闻信息，信息往往是碎片化不完整的。这样既影响到内容表达的系统性，又影响到逻辑上的严谨性。但是140字的字数限制，使发布者尽量精简信息的冗余部分，从而留下信息的核心部分。在浩如烟海的信息轰炸中，这有利于网民快速找到每条微博的核心信息。

第二，信息的真实性、权威性无法考量和验证。微博上首先曝出的重大新闻事件，很容易招致人群的聚集和信息的广泛传播，但是人们在疯狂转发和评论的同时，却往往对微博新闻信息的真伪不作要求。其原因，一是微博上的网民用户有平等的观念，容易相信和自己同为草根的其他网民发布的信息；二是作为普通网民，验证其他网民发布的信息基本是不可能的，所以也不作要求；三是网民的媒介素养没有达到一定的层次，对媒介信息是依赖的而不是怀疑的。正因如此，微博传播的新闻信息可以说是海量存储，泥沙俱下。而网民不择精粗地围观和传播，对微博中不实信息的传播更是推波助澜。但是又因为缺少把关，一部分对于传统媒体而言谨慎发布或者不能发布的敏感信息，又能以真实的面貌出现在微博上。

第三，微博信息传播的即兴化。在新媒体新闻事件发生之后，注重个人主义，不参与互动和交流的是围观的看客，这在网民中占据很大的比例，而推动新媒体新闻事件传播的，则是有着相似的情感和经验而大量集结的群众，他们相互感知，相互呼应，相互认同，共同推动了新闻事件在民众中的传播。我们要注意的是，这部分群众是因为有着相似的情感和经验而集结，情感在他们传播新媒体新闻事件的过程中，起着很大的作用。大众自传播过程中很少看到理性的影子。

第四，微博新闻信息零碎庞杂，没有系统和分类。传统的新闻报道，乃至网络新闻，新闻的分类做得比较细致和到位。在传统的报纸中，新闻会被分为重要新闻和一般新闻。最重要的新闻会放在头版头条，而一般新闻可以放在除了头版之外的其他版。在报纸中，还会对不同类别的新闻设置专版，例如报纸中设置经济新闻版、娱乐版、体育版等。而新闻门户网站的首页会用导航条的方式分列新闻的各个门类。网页中也会用线条来区分出不同的板块，把新闻的各个类别分别归置。但是微博新闻，没有任何分类，完全是随机的、随时的，没有指向明确的目标受众。这会造成两个问题：一个是微博用户要自己从海量信息中选择感兴趣的信息，耗费大量无用功；另一个是微博信息的传播强度和力度具有非常大的不确定性。也许一条有价值的信息被忽略，而一条虚假信息却被热捧。

第五，微博信息多元，容易出现网民面对多元的信息莫衷一是、将信将疑的现象。但是微博又因此成为一个真正的意见的自由市场。因为微博的用户匿名化，不用顾忌现实的利害，各种冲突和对立的意见都能够在微博平台上交锋，利于给网民提供更多的线索和更大的言论空间。

二、微信与新闻传播

微信，在百度百科上有比较详细的介绍："微信是腾讯公司于 2011 年 1 月 21 日推出的一个为智能终端提供即时通讯服务的免费应用程序，微信支持跨通信运营商、跨操作系统平台通过网络快速发送免费（需消耗少量网络流量）语音短信、视频、图片和文字，同时，也可以使用通过共享流媒体内容的资料和基于位置的社交插件'摇一摇'、'漂流瓶'、'朋友圈'、'公众平台'、'语音记事本'等服务插件。微信提供公众平台、朋友圈、消息推送等功能，用户可以通过'摇一摇'、'搜索号码'、'附近的人'、扫二维码方式添加好友和关注公众平台，同时，微信将内容分享给好友以及将用户看到的精彩内容分享到微信朋友圈。"从这个介绍可以看出，微信既是一款社交软件，又能即时推送消息，而且微信的用户量在急速增长，可以说是一款比较普及的手机应用软件。微信已经成为微博之后热门的新闻传播平台。

在《微博——一种新传播形态的考察》中，作者对影响用户使用微博的主要因素进行了分析，分析认为，主要有六个因素影响了微博的使用：一是无法通过对内容分类，查看不同类型的微博；二是无法通过对关注的人分类，查看不同类型的微博；三是缺乏让自己获得更多关注的有效手段；四是朋友熟人少，缺乏互动；五是微博是新产品，认知和学习的门槛高，很难成功说服朋友加入；六是发布形式限制多，如 140 字的字数限制，不能发多图，评论中不能发图。这些因素中，影响最大的是"朋友熟人少，缺乏互动"，以及"无法通过对内容分类，查看不同类型的微博"。这说明，微博对人际关系圈子的形成和维护没有起到有效的作用，对信息的分类检索以及聚合都还不够完善。相对于微博的这些弱势来说，微信恰恰在这方面体现了自己的优势。

（一）微信传播与微博传播的区别

第一，微信朋友圈的功能，能很方便地把用户电话通讯录以及 QQ 好友聚合在一起，形成用户的稳定的朋友圈，并且给用户提供方便地在朋友圈中分享和交流信息的功能。并且朋友圈也是可以分类的，通过编辑标签，可以把朋友圈分为几个类型，在发布信息的时候，也可以提示某人可看，或者屏蔽某人，使其不可见此信息。这让用户既有稳定而较大的朋友圈，又能保证信息的私密性。

第二，微信可以做到信息的分类，能够由用户自由定制自己喜欢的信息类型，其途径是通过关注各个类型的微信公共号来实现的。也就是说，微信为各个媒体打造了一个平台，而微信通过各个媒体在这个平台上发布信息，使自身也成为一个新的媒体。微信公号的类型比较鲜明，用户通过关注不同类型的微信公号，来实现自由定制，通过定制来为自己打造一个类型鲜明的个性化媒体。

第三，微博有 140 字的字数限制，这样的限制使用户很难发布有深刻观点的内容，即使偶尔出现这样的内容，也很难成为微博信息的主流。而微信没有字数限制，可以长篇发布，观点有可能深入完整地阐述。不再满足于情绪性的冲动型的信息转发，而产生了对于理性意见的需要，对于有倾向性的有深刻见地的观点的需求，这些则可以在微信中得到满足和实现。微信能够搭载长篇文章，使观点阐述详尽。而微博多即兴感言，更多情绪化的聚集，字数的限制也没法阐述清楚论点。微信恰逢各种专业意见媒体兴起的时期。在专业人士和独立思考者越来越多的时代，微博已经不再适用于表达专业性的深入的意见，所以微博衰落了，微信成长了。

第四，微博中的信息量较大，但是显得很是杂乱，这就催生了信息筛选的需求。事实上，对于网民来说，现在并非信息超载，而是有效信息匮乏。所以，应建立辅助性的信息筛选机制。从这一点上来说，微信比微博发展得好，也跟其中朋友圈起到了信息分享和信息筛选的作用有关。微信朋友圈相对来说比较稳定，特别是在微信朋友圈中，都会存在一个强关系群，在这样的朋友圈中，人们关系稳定，相互比较信任，在分享信息时也会更多理性和责任。因此，微信朋友圈的信息分享，也是信息选择和过滤的一个门槛。这对于微信用户吸取有效信息很有帮助。

第五，人们越接近媒体，媒体越具有易用性，人们就越具有传播的主动性，在传播链条里占据主动，更能激发人们使用媒体的热情。智能手机和移动互联技术的发展，使人们更易于掌握和使用新媒体。微博是基于 PC 端的，而由于移动互联时代的到来，微博平台被基于移动互联终端的微信超越似乎是大环境使然，不得不然。微信是腾讯公司于 2011 年初推出的一款快速发送文字和照片、支持多人语音对讲的手机聊天软件。因为微信是基于移动终端用户而开发的社交软件，所以，在移动互联网日渐发达的时期，微信的易用性相比于微博更加强大。几乎人手一部的手机，强大的移动互联的普及，微信的方便易用，这些都使人们对这个新媒体青睐有加。再加上通过微信，人们可以自由选择媒体来构筑自己的有个性、有特色的媒体，也使人们在传播中的主动权增加，相应地，其传播的主动性和积极性也增强了。

相比于微博的广场化传播，微信朋友圈的新闻传播处于一种部落化的状态。微信的传播除了个人之间的交流外，新闻传播往往是在朋友圈中进行。对于微信朋友圈来说，能够进入彼此朋友圈的用户，都是彼此的强关系对象。也就是说，微信朋友圈中的用户，都是比较熟悉的人，通过验证才能添加好友，然后才能实现信息的传播共享。

（二）微信朋友圈新闻传播的特征和局限

微信朋友圈新闻传播是一种有个性色彩的内容分类传播。既然是部落，同一个部落，或者说朋友圈中的人，基本会有一些共同点，例如阶层、文化、习惯习俗等方面的趋同。所以，在微信的朋友圈中，传播的新闻会有类型化的特点。每个部落就好像是一个闭合的圆圈，而某个用户就处在多个圆圈的重合部分，也就是说微信用户可以看到多个部落里的信息，每个部落传递的信息都有类型化的特点，那么微信用户所能接受的信息就有一个清晰的分类，这种分类又带有每个分享信息的朋友的个性色彩。这相对于微博传播的广场化特点来说，是一种信息的自动过滤和分类。微博新闻传播的信息零碎庞杂，没有系统和分类。对于微博用户来说，这会增加其辨识信息的成本。微信传播的新闻信息，相对于微博的零碎庞杂来说，就是一个比较清晰的定向化传播。但是微信信息的分类，又和门户网站及传统媒体不同。微信的新闻传播分类，是以微信用户的个人身份、兴趣、爱好等区分的。因为微信用户的朋友圈，是强关系圈，而强关系的形成，是基于其阶层身份以及相同或相似的职业、兴趣爱好等。所以，微信的新闻传播是一种类似于私人订制的鲜明的类型化的精准传播。

微信朋友圈新闻传播的有效性。与微博的海量信息有大部分都被用户忽略不同，微信的新闻信息的接收和传播比例较高。因为微信传播的信息和微信用户的相关度较大，所以微信传播的新闻信息的有效性大大增强。

微信朋友圈新闻传播较微博传播更为理性。微博信息传播具有非理性的特点。在微博中，推动新媒体新闻事件传播的是有着相似的情感和经验而大量集结的群众，他们相互感知，相互呼应，相互认同，共同推动了新闻事件在民众中的传播。而微信的新闻传播呈现出理性化的特点。微博新闻传播的受众群，彼此之间大都是陌生人，所以，能够让他们同心协力推动一条信息的传播，只能是有共性的情感内容，例如对弱者的同情、对为富不仁者的鄙斥、对高尚者的崇敬等。但对于微信来说，微信的用户来源于社会化的关系网络，彼此之间的连接是由各种现实关系组成的。在新闻传播中，他们可以从各种现实的角度、理性的角度去分析和接受，而不会仅仅局限于情感的经验。所以，在微博中未被核准的内容，会在争议中继续传播，甚至争议越大，传播的强度和力度可能会更大。但是在微信当中，关系网络是现实网络，传播者在传播信息的时候，要考虑到传播的信息是否会对朋友圈产生现实的负面的影响，因此，不确定的内容很大程度上会被理性地中止传播。

微信朋友圈所传播新闻的深度较强。微信传播的新闻信息因为没有微博 140 字的发布局限，所以为内容的深度分析拓展提供了可能性，弥补了微博信息传播的局限。在微博上，人们一般来说看到的是信息，是事件；而在微信上，人们看到的新闻则大多是观点，是评论。在获取信息源极为简便的今天，对新闻的深度开掘成为新闻传播的极大动力。微信对文字长度的无局限性，朋友圈推荐分享新闻信息的较强理性，使新闻的深度解析成为微信新闻传播的主要内容。

微信新闻传播相对来说是由强关系网形成的比较准确的定位传播，但还是有比较大的局限，具体如下：

一是这种比较准确的定位传播是自然形成而非有意为之。自然形成的新闻传播链条容易断裂。微信用户对新闻的传播和分享是随机的而非定时定量的，再加上微信朋友圈的人数是比较有限的，所以，微信用户依靠朋友圈的分享所能得来的新闻资讯是很有限而且是不稳定的。

二是信息的新闻性较弱。朋友圈因为人数相当有限，所以，朋友圈原创的新闻信息相当少，而转发其他媒体的新闻信息又显得多此一举，因为信源实在是数不胜数。所以，微信朋友圈中获知时效性强的新闻信息的可能性很小，也就是说信息的新闻性是比较弱的。

三是微信朋友圈新闻传播的干扰因素较多。微信作为一款即时性通信工具，同时也是一个手机社交软件。在朋友圈中，出于维护强关系网的需要，朋友之间的聊天互动、生活记录、随感发布等会占据微信朋友圈内容分享的相当大一部分比例。所以，各类内容的不断刷屏，容易使微信中传播的新闻淹没其中，影响新闻阅读和接收的体验和效率。

四是微信较为理性化的传播特征是有局限的，表现为受到现实关系网络维护的要求，而限制了自我的真实表达。这就使意见的冲突和对立少见于微信朋友圈，从而导致微信朋友圈较难形成意见的自由市场。

（三）基于微信公众号的新闻传播

专业传播新闻的微信公众号主要由两类组成：一类是新闻专业媒体，一类是新闻的相关从业人员。新闻专业媒体借助移动互联这块阵地开拓自己的传播渠道。专业的新闻工作者也借助微信公众号平台来进行新闻传播。一方面，可以显示新闻解读的个性；另一方面，也可以提高声望，聚拢粉丝，甚至到最后可以进行会员制的商业化运营。对于微信公众号所传播的新闻，有以下特点：

首先，微信公众号传播的新闻量少质优，必须经过严格的过滤。微信公众号推送的新闻，一般来说篇幅较长，在篇幅上可以与网络版和纸质版的新闻相仿。但是微信公众号每天只能推送一条新闻微信，在这条新闻微信中，一般来说会包括一到四条具体的新闻信息。为了吸引受众的注意力，每条新闻一般都会配有大幅的图片。封面新闻的图片和标题最为突出。也就是说，虽然没有字数的限制，却有推送数量的限制，因此，微信公众号必须做到把关人的角色，把每天最有新闻价值的新闻推送给受众，节省受众的阅读时间，减少受众辨识海量信息的成本。就像门户网站的新闻头条和传统纸媒的头版一样，微信公众号的新闻要做到优中选优，去粗取精。当然，每个公众号把什么样的新闻作为头条，还是跟媒体的特点定位有关。

其次，由于手机阅读的要求，每篇新闻的版式处理会与纸媒和网络媒体不同。手机屏幕较小，要适应手机的阅读特点，一般来说都要做到长文段落多，每段的文字简短，小标题多，标题和重点的段落或文字都做视觉强化处理。

再次，移动互联上的新闻传播，以新闻的深度解析为主，观点要犀利鲜明，风趣幽默。移动互联上的新闻传播，由于数量少篇幅长，要尽量地抓取受众的眼球，必须有很强的吸引力。这种吸引力不仅仅是版面和标题的吸引，还要体现内容为王。观点要鲜明犀利，要有个性。而要体现观点，势必要进行新闻的深度解读，而且还要体现互联网思维，要有趣幽默，而不是板起面孔说教，个性突出才有看点。

此外，微信公众号的新闻传播，以接地气有温度为指向。微信传播的新闻信息，追求与公众的贴近性，无论是内容还是语言风格，都与传统媒体理性、客观、冷静的风格不同。

最后，相对而言，新闻从业者的个人微信公众号的个性更为突出。一般来说，个人微信公众号对于新闻的解读各式各样，个性鲜明。从形式来说，也会独树一帜。

第六章　媒介融合下新闻传播的智能化发展探究

第一节　短视频的兴起与新闻传播方式创新

一、短视频的兴起

短视频的起源还要追溯到 2011 年，在国外最早可以发布几十条短视频，当时是视频衔接上音乐和特定装饰，通过互联网进行公开发布。两年后，美国凭借高新技术产业的实力，众多网站开始对短视频做出相关的性能调整。例如：图片可以共享保存，装饰逐渐多样化。随后，我国在腾讯、新浪等大型平台中开始看到短视频的身影，随着技术的不断升级，现如今各大平台都有短视频的存在，而且功能变得更加丰富。

从当今市场趋势来看，抖音、火山小视频、快手、皮皮虾等短视频应用比较火爆。在当今的自媒体时间风尚下，凭借着时间短、信息量大、传播快、时效性高的优势，短视频的市场前景十分可观，在新闻传播过程中扮演着重要的角色。短视频在新闻传播中得到了广泛应用，例如，在 2018 年召开的中华人民共和国全国人民代表大会和中国人民政治协商会议（以下简称“两会”）期间，短视频便成为“两会”新闻传播的重要形式之一，成为新闻传播的一大亮点。

二、短视频新闻传播的特点

（一）视频内容多样性、趣味性

短视频新闻内容主要以数字故事为主体，因此播放氛围更加轻松，还能载入各种风格的背景音乐，这就使得短视频新闻传播更加具有生动性，同时也能够满足社会大众的生活方式以及文化发展形势，具有广泛性、大众化的特点，随着信息技术的广泛应用，快速推动了新媒体时代的发展，也有助于短视频创作者自主创编各种特色短视频内容，从而提升短视频的艺术感以及创意性。

（二）视频内容更加精简、时效性更强

短视频新闻在内容描述方面比传统新闻媒体更加精简，同时又相对自由、具有较强的时效性特点。对于传统的新闻传播形式，则需要进行严格有效的新闻内容采集与制作，并且在处理方式上需要制定标准化和规范化的要求，在这一套流程中，可以有效确保新闻传播内容的严谨性以及规范性，但会造成新闻传播的时效性受到限制，短期看对大众不会产生影响，但通过长远分析，大众会逐渐选择短视频获取新闻内容。在这点上，短视频比传统新闻传播有较强的突发性特点，在出现突发新闻时，视频拍摄者并不会对视频进行过多的处理，而是及时将当下所发生的内容传播到网络上，同时还可以实现实时直播的方式，以此可以全面确保视频传播效率。

（三）短视频新闻传播方式一体化

短视频新闻传播还具有一体化特点，具体指新闻内容的创作者、传播者以及接收者同为短视频新闻的受众，这在无形中为短视频新闻传播构建了“自力更生”的生态化平台，并且传播者还能够通过大数据精准分析大众喜好，进行更加精准的传播。而接收者也可以根据自身的喜好对短视频新闻进行个性化订阅。

（四）短视频新闻传播碎片化

短视频新闻传播的主要路径是手机或其他移动终端设备，这为大众提供了极大的便利，让大众获取信息的方式更加便捷化，并且可以随时查看新闻信息，相较于传统新闻内容的时长，短视频新闻的短小精悍、碎片化能够极大地满足大众对于信息获取的需求。

（五）短视频新闻传播路径智能化

在新媒体时代，衍生出众多的短视频平台，并且这些平台通常应用智能化算法对用户的喜好特点进行分析，并对其精准推荐内容，以此能够体现短视频新闻传播的个性化以及定制化，从而会提升视频内容的播放量。在对大众进行精准推送后，有助于平台获得流量。

三、短视频新闻传播主要问题

（一）质量有待提升

当前短视频新闻发展极为迅速，但由于起步较晚，在传播过程中仍有一些问题需要解

决。第一，短视频质量问题，短视频质量还有较大的提升空间。由于当前信息技术的普及应用，大众都可以进行新闻创作，但优质的新闻内容仍考虑创作者的专业水平等其他条件，因此创作者需要考虑新闻内容的要素，在时机成熟后，能够体现新闻内容的最大化传播价值和意义；第二，在传播时，由于一些大众传播者并不理解新闻传播的具体要求，因此在拍摄新闻内容时，往往会忽略关键信息，造成短视频的质量难以提升；第三，由于当前缺少健全的平台管理机制，导致诸多新闻素材被借鉴抄袭，最后导致短视频新闻体量庞大、质量不高。

（二）新闻内容欠缺全面

短视频新闻的短小特点，造成新闻内容的整体质量被限制，若视频内容不够清晰全面，则会造成内容中的含义较为混乱。另外，还有一些短视频创作者，为获得播放量，会对标题内容进行夸大或造假，使得标题与视频内容不相符，对于一些虚假新闻，会导致社会不良舆论的传播，难以体现新闻传播的价值。

（三）受众互动积极性不高

尽管短视频新闻传播的时效性较强，但和受众之间仍缺少较高的互动性，因此导致短视频新闻创作者难以及时在网络上获得受众的反馈信息，也就难以建立全面的互动机制。另外，由于目前短视频新闻种类较多，所以，诸多的短视频平台并不能全面了解各种新闻频道，这就造成了一些新闻创作者和媒介传播者难以按照平台特点，制定个性化的新闻，最后对短视频平台的整体质量造成影响，导致用户的流失。

四、媒介融合下短视频新闻传播的具体策略

（一）转向视频化发展方向

新媒体时代背景下，人们获得信息的渠道和方式发生了较大变化，一些用户能够逐渐接受和认可短视频传播信息的形式，这是人们思想观念改变的体现，以此促进短视频更快地发展。根据心理学分析得知，人们对于一些新鲜形式或者动态变化的事物会产生兴趣，而短视频新闻具备了这一要素特点，纸质形式的信息载体却缺乏这些要素。在新媒体时代背景下，短视频逐渐成为人们获取信息的重要渠道和方式，其核心在于短视频满足了人们生活学习需要，所以，传播信息由传统的纸质转向为短视频形式是必然的发展规律，内容丰富、形式简单是短视频的显著特点，满足了人们在快节奏生活学习中获取信息的需求。此外，短视频播放时由于制造成本较低，不会耗用较多的时间和较大的空间，因此和一些

成本较高的纸质信息制作形式相比较具备显著的优势。人们能够利用较快的时间获取信息，而且可以利用较短的时间阅读和欣赏内容，体现了新媒体时代背景下信息传播形式的变化，这是其必然发展趋势，同时也是创新短视频作品内容的切入点。

（二）提升短视频内容质量

针对新闻传媒行业来说，短视频是一种新兴事物，却拥有良好的用户基础，所以短视频内容质量高低会影响用户的认可度。在新媒体时代，传统媒体的发展迎来了挑战，同时也为传统媒体发展创造了良好的发展机遇。和新媒体相比较，无论是人力方面还是社会大众认可度方面，传统媒体具备自身优势，是新媒体难以相媲美的。对于新媒体产生的冲击和影响，传统媒体需要积极创新发展，这是实现可持续发展战略目标的重要渠道，也是有效手段。如果要实现转型发展，那么需要注重策划，而且也需要重视新闻内容制作以及推广方面。传统媒体拥有独立专业的短视频新闻制作和创造团队，有助于提升短视频新闻内容质量，从而增强媒体竞争能力。新闻工作者是短视频新闻传播发展的重要组成部分，需要明确新媒体短视频新闻这一新型新闻形式，其工作重点则是要突破传统新闻制作理念和制作模式的局限，而不是缩减传统新闻制作结构。

此外，还需要在新媒体时代背景下，通过深刻解读融媒体发展，以此加强创新短视频制作模式，从而可以为短视频新闻的发展创造有利条件。传统媒体在制作短视频新闻时需要避免机械模仿抄袭，应加强创新创造，始终坚持获得最新并且最真实的新闻素材，并能够捕捉抓取最新的新闻素材，以此可以获得观众的关注和重视。传统媒体如果要获得更大的群众支持，扩大媒体受众市场，得到观众的认可和支持以及信赖，不但需要坚持原创理念，而且还需要重视拓展社交途径和渠道，应能够对于一些积极主动上传新闻素材的群众给予一定的认可和奖励，以此激发群众上传新闻素材的积极性，从而可以获得具备时效性的新闻素材，而这有助于增强传统媒体社会影响力。另外，传统媒体需要开拓市场，与新媒体短视频制作团队加强交流协作，以此可以为传统媒体转型创新发展奠定基础，创造有利条件。

（三）有效应用短视频新闻，增强自身优势

短视频新闻能够获得较大的观众群体，而且能够得到观众的认可和信赖，主要是由于短视频新闻具备较为良好的社交优势和互动优势。基于此，新闻工作者需要发挥短视频新闻的作用以及优势，应建立短视频与用户或者观众之间的交流网，通过借助交流网来满足用户对于短视频新闻的需求，并且可以及时获得用户所反馈的信息素材。传统媒体通过明确短视频新闻制作中的不足，可以掌握更加有效的制作方法，通过采取整改措施促进提升

短视频新闻制作效率，提升新闻内容质量。另外，传统媒体明确自身存在的优势以及弊端，在此基础上增进与观众之间的沟通和交流。在交流平台中可以设置一些问题吸引观众共同探讨如何更加高质高效地制作和传播短视频新闻，应能够发挥自身特点和优势，及时纠正错误和弥补不足，消除弊端，提升短视频新闻制作水平。从而增强媒体自身优势。

（四）提升短视频制作工作人员整体素质

由于传统媒体制作新闻周期较长，会耗费较多的人力、物力、财力等，因此不具备良好的时效性优势。时效性是新媒体短视频新闻创作的前提条件，也是必要基础，同时也是其优势所在。需要在制作新媒体短视频新闻时能够注重自身效率和质量，而新闻短视频制作工作人员是短视频新闻制作的主体，也是关键，不但需要掌握制作方法以及相关技能，包括采集、拍摄等方法，而且还需要具备较高水平的专业能力，包括采访能力、拍摄能力。在互联网信息技术快速发展的形势下，一些主流的媒体发展方向逐渐趋向智能媒体发展，针对短视频新闻的制作，无论内容方面还是短视频形式方面都需要积极进行创新，对于工作人员能力水平要求较高。所以，需要积极提升短视频新闻制作工作人员整体素质能力。首先，培养工作人员短视频思维观念，辅助其建立短视频思维体系模式，以此突破传统工作观念的局限，并且重视工作人员生产制作短视频新闻过程，进而提升短视频新闻制作水平，其次，可以邀请一些专家学者展开讲座，给予工作人员积极的引导和辅导，提升短视频工作人员知识水平以及动手实践能力。应创造有利条件让工作人员参与专业知识和专业技能的培训，工作人员不但需要学习新技术，而且还需要明确当下短视频新闻工作发展现状以及未来发展趋势。最后，需要与高校加强交流合作。依据当前短视频新闻工作现状以及未来发展需要与高校签订人才培育协议。对于此，高校应针对性加入短视频新闻制作相关的课程为短视频新闻发展储备人才奠定基础。

五、媒介融合下短视频新闻创新发展展望

（一）减少数量，提高质量

当下短视频新闻发展迅猛，短视频新闻数量逐渐呈井喷式增长。在新媒体时代，网络中充斥着大量的新闻信息，如果要在有限的时间内获得信息并且消化信息较为困难。因此，需要增强媒体短视频新闻竞争优势，其关键在于减少数量，提高质量。应过滤一些不良、不健康、没有价值的新闻信息，采集具备较高价值的短视频新闻素材，提取精练新闻信息，第一时间推送给观众用户，从而获得更多的用户。

（二）引入合作伙伴

短视频新闻创作成本较低，传播速度较快，能够在较快的时间内收集和整理新闻素材，这是传统媒体新闻报道的一种扩展和补充。所以，在新媒体背景下，通过媒体的融合，可以体现短视频的优势，而这也为媒体的转型创新发展提供了思路和渠道，在此基础上应引入合作伙伴。通过发挥各自优势，进而可以提升和增强短视频新闻传播影响力，获得更大的新闻媒体市场。

第二节　自媒体新闻传播对传统新闻传播的重构

一、自媒体新闻传播的特性

2002 年，硅谷最著名的 IT 专栏作家丹·吉尔默首次提出了“自媒体”的概念。自媒体是将全球的知识和信息通过数字技术进行链接，从而对普通大众分享和提供的经历和新闻进行一定的了解和分析。在新闻媒体中，传统媒体和旧媒体被称为 1.0，新媒体和跨媒体被称为 2.0，博客被称为 3.0。

自媒体有各种各样的表现形式，主要有微博、网络视频播客、社交网络和网络博客等方式。人们对实时的新闻图片、文字和视频等都可以利用自媒体来进行发布。这种方式颠覆了传统的新闻发布方式，对网络舆论的形成产生了强大的推力，并吸引了大量的传统媒体进行跟踪报道。自媒体的传播功能日益强大，其内容和形式也更加丰富多彩，这也很快地取代了传统媒体的作用，并成为人们日常生活必不可少的一项精神生活。更多网民可以随心所欲地发表自己的欲望和建议，来自民间的智慧得以发挥其最大价值。自媒体不再仅仅只是一种进行信息传播的介质，更成为一种话语体系，是“草根文化”的体现，对权威的价值产生了重大的挑战和质疑。自媒体新闻传播有如下特性：

第一，信息个性化。自媒体信息的个性化特征表现在两方面。首先是具有个性化的信息生产方式，其内容包罗万象，涉及各个方面，各种客观的、主观的观点层出不穷，使得自媒体上的信息独具一格；其次是自媒体的个性化信息定制，任何一个多媒体平台都可以供用户进行关注和收听，这就让用户可以根据自己的喜好来建立自己的自媒体圈，在海量的信息中获取自己感兴趣或有用的信息。

第二，内容立体化。自媒体的传播方式具有立体性，这是由网络多媒体的立体性所决定的，其传播方式也是多样化的，包括了图片、音频、视频、文字等，故而可以对用户的感官形成多角度的刺激，这是传统媒体单一传播方式所不能达到的效果，不管是报纸的文字和图片传播，还是电视的视频传播以及广播的音频传播，其传播途径都是比较单一的，无法让用户形成全方位的传播感受，但是自媒体就很好地结合了各个传统媒体的传播方式，将声音、文字、视频和图片结合在一起，带给了用户全新的感官体验，让传播更加立体化。

第三，信息碎片化。自媒体新闻有多种多样的功能，包括即时通讯、及时交流、及时沟通、个人自我展示和传播等，这也导致了信息传播时碎片化信息的产生。究其原因，主要有以下两种：首先是信息生产者本身对其产生了限制作用。个体的视野维度、写作水平和知识储备都是有限的，且侧重点也各有不同，这就造成信息的侧重点也有所不同；其次是篇幅的限制也会对其产生影响。尽管博客不会被限制在多少字以内，但是大家都已经习惯了快节奏的生活，一般不会抽时间来阅读长篇大论，这就会造成对信息的了解不够全面和具体。微博对字数进行了严格的限制，任何一个信息都不能超过 140 个字符，这也就造成了很多碎片化信息的产生。

第四，时效性。自媒体新闻传播，最大的特征就在于其时效性，这也是它得以迅速发展的重要原因。在移动终端和移动互联网不断发展和普及的大环境下，新闻事件的时效性越来越高，更是让现场直播成为一种可能。自媒体不需要经过一轮又一轮的审核，而且移动互联网的发展，使得新闻可以做到零时差传播。任何一个用户都可以用手机拍摄自己看到的现场，然后利用自媒体平台进行发布，这样就让人们第一时间掌握了最新资讯。

第五，传播方式裂变。自媒体的结构是网状的，传播对接方式也是多对多的，这就让信息传播更加快捷有效。这与传统媒体的传播方式有着天翻地覆的区别。自媒体的多中心网状结构，使得信息可以按照网状迅速铺开，让信息传播量呈几何式的增长。

二、新闻传播要素在自媒体传播中的转变

如前所述，美国学者 H. 拉斯韦尔首次提出了传播过程模式的概念，并提出了 5W 模式，包括谁（Who），说了什么（Says What），通过什么渠道（In Which Channel），对谁说（To Whom），取得了什么效果（With What Effect）五个方面。5W 模式对应了新闻传播过程中的五要素：一是传播者；二是讯息；三是媒介；四是受传者；五是反馈，而且传播媒体的不断发展也是对其的不断验证。时代的发展和社会的进步，特别是自媒体出现后，为信息传播创造了一个非常利好的环境，使得传统媒体和自媒体在信息传播方式和手段上的区别日益凸显。

（一）传播者要素

广大新闻媒体的从业者是传统媒体新闻传播过程中的传播者，人们可以在各种各样的

事发现场看到他们的身影，他们主要负责对新闻事件进行采访、收集资料，然后整理资料、编写稿件、剪辑照片等工作，经过多层审核后，报道该新闻。这些工作者一般都有专业的培训经验，并且表现出了较好的专业性，是带有精英主义的新闻传播者。

随着自媒体的出现，人人都能发布新闻，联系到5W要素，受到冲击最大的就是传播者。自媒体用户注册后，能将自己看到的、听到的事件进行发布，这使得传播者的权利被不断分化，传播方式也由传统的一对多转变成多对多以及网络状传播的方式；信息源头也更加多样化了，新闻信息传播的源头变成了自媒体，也成为人们自娱讨论的一个平台。自媒体具有个人性、开放性和立体性的特征，这对传统的传播者概念产生了强烈的冲击。随着各种各样的自媒体平台的建立和使用，传播者更加普遍化，不断扩展了传统的传播者概念，任何一个拥有网络终端的用户都能进行新闻事件的传播。一些精英型的传统媒体传播者也逐渐失去了优势，往往在各个自媒体平台上寻求新闻信息和新闻源头。

（二）讯息要素

传统新闻的传播受时间和版面的限制比较严格，这就导致很多讯息在审核中被淘汰了。在淘汰过程中，受个人认知和客观环境的影响，中间地带随之出现，这也被传统媒体称为拟态环境。随着社会的发展和进步，信息越来越多，也越来越复杂，而人们的精力和关注点却是有限的，不可能了解和直接触及所有的信息。在不能亲自体验的事物上，人们往往利用新闻事件进行认知。这就需要媒介在客观环境和人们所认知的环境中，创造一个拟态环境。拟态环境就是人们常说的信息环境。不能将它看成现实世界的全部反映，而需要通过传播媒介对相关的信息和事件进行加工整合，从而对人们进行展示。拟态环境的核心成分是传统新闻媒介所提供的信息。拟态环境就是指传统新闻传播的信息，它会成为人们对环境认知的制约因素，并在制约下形成相应的行为，从而又反作用于环境。对人们生活的环境进行信息化处理后，信息环境也越来越贴近人们生活的现实环境。拟态环境指出，传统的新闻传播才能形成信息环境，人们通过不断地认知自己的生活环境来产生相应的行为，对社会影响力的发挥产生积极作用，这也是传统新闻传播不能被完全取代的重要原因。

自媒体时代的不断发展和变化，给传统媒体新闻传播带来了重大的冲击。自媒体平台上的信息和新闻都具有开放性，用户只要经过注册登录，该平台上的所有信息都是可以阅读的。用户获得信息的途径也是多样的，既包括自己关注的信息，也包括了在社交关系中获得的信息，同时还可以通过评论、分享和转发等操作来对新闻信息进行再次传播；而且，自媒体还具有信息广场的功能。当某一个信息的评价和转发达到一定量时，该信息就会被自动地推送为热门话题，并通过新闻排行榜的方式进行呈现，这为新闻传播创造了更加真实的信息环境。

（三）媒介要素

在进行议程设置时，传统的新闻传播一般要利用新闻传播媒介，在这一过程中，媒介充当了执行者和发起者的作用，该作用是不能忽视的。议程设置功能指出：大众传播可以为公众进行议事日程的安排，根据议题不同和显著性的需求，可以对新闻和信息进行不同程度的传达和报道，让人们可以对周边世界发生的事情和新闻进行准确的判断和分析。这种理论认为传播媒介是一种环境构成型的工作类型，他们在传播新闻事件时并不是完全客观的、直观性的反映，而是要通过选择、取舍以及排列来对事件进行呈现。不同的传播媒介采用的传播手段、价值观和政策都会有所不同。他们在传播新闻信息时，根据自己的规则来进行筛选和取舍，将自己认为最有价值、最有报道需要的新闻进行加工和整理，并采用一定的结构、对重要事项进行重点凸显，立足于事件的真实性进行报道。

传播新闻的过程，往往会将如何控制等问题进行重点呈现。一般而言，政治、经济、意识都会对其产生一定的影响，使其保持一种相对平衡的状态。传统的传播媒介和具有统治地位的信息，这两者之间的关系是非常微妙的。在自媒体日益发展的大环境下，这种议程设置功能在很大程度上发生了改变。用户可以针对自己真正感兴趣的信息和新闻进行转发、分享和评论，完全依据自己的兴趣和爱好来构建自媒体环境，并对转发和分享的内容进行投票表决，这样有利于选出自己真正感兴趣的信息，找到有意义的新闻。自媒体上的任何一个用户都能成为信息发布者和传播者，他们对新闻议程具有一定的表决权。这些用户通过在海量的信息中对有用的、有意义的、有价值的碎片化信息进行选择，并且对这些信息进行一定的排序和整合，对议题进行选取。

现在的自媒体网站都必须具备一项基本功能，那就是在关键字的搜索频率上进行议题的统计、选取和排序。自媒体要可以对高频率出现的关键词进行抓取，并将其推上热门议题，这些议题并不一定是传统媒体所认可的热门，热门与否完全取决于普通大众的关注度和重视度。只有越多的人关注了该事件和新闻，才有可能使其成为热门话题；热门话题产生后，又能引起更多用户的关注和重视。在自媒体环境下，用户对信息进行发布、分享和评论，都是出于自己的兴趣和爱好，政治和资金等外在因素的影响程度是非常小的，这也是自媒体具备更广阔的空间和自由来进行新闻传播的主要原因。这更有利于用户聚焦于自己感兴趣的新闻，也赋予了自媒体新闻传播更大的自由度。

（四）受传者要素

在传统新闻传播中，传播者和受传者属于两个群体，传播者负责信息的发布、生产和传播，新闻传播中具有非常重要的地位，并对新闻进行把关和控制；受传者是观众、读者和听众，他们在新闻传播中往往处于被动接受的地位，对新闻的了解和认知要在媒介构筑的拟态环境中进行。受传者一般只能接受信息，很少对信息进行反馈，相互之间不进行沟通和交流。但是自媒体的出现，不但改变了受传者被动接受的情况，而且体现出了一种交互式特征。这让新闻传播具有了相互性，让媒体和受众之间以及受众之间的交流和互动更加丰富和多样化。

只要能上网，且在自媒体平台上注册的用户，都可以将所见所闻进行发布，并进行评论，成为一个新闻传播者。自媒体传播方式的出现，让受传者和传播者成为一个整体，且两者的身份可以相互转化，可以对信息进行多次的分享和转发，综合所有网民的优势；同时，受传者之间的互动和沟通也是频繁进行的，在往来之间让信息有了新的线索，并形成不同的舆论导向，经过所有网民的参与讨论，事实得以完整呈现，谣言也就不攻自破了。基于自媒体环境下的受众不再局限于被动接受的地位，而是信息反馈和信息传播的主要传播者。所有的网民都对一个新闻事件进行关注、分享和传播，让事件从片面到整体都能被发掘，从而发现新闻的真实情况，转发、传播新闻事件，有利于信息的不断完善。

一般而言，虚假消息从在网上开始传播，到被用户发现其虚假性，再到得到证实，整个过程都是由广大网民进行监督的。受传者的身份不再仅仅只是接受者，在这个过程中可以充分发挥自己的主动性，对感兴趣的事件进行自主地探索和分析，无限靠近新闻和事件的真实性。当然，一个谣言引起的关注往往比真实事件更多，特别是在自媒体环境下，若缺乏职业道德和自我约束能力，谣言会越传越盛，加之信息的发布者和接受者都是自媒体用户，他们一般没有经过专业的新闻操作培训，所以，他们对信息的转发都是没有经过考证和核实的，这就使得自媒体的很多信息都是从谣言而起的。

然而出乎意料的是，尽管自媒体环境不具备真实性和客观性，但因为其平台和用户较多，自媒体仍然呈现出了非常活跃的气氛，并接受了众多用户的矫正和监督，对新闻具有一定的修正和完善作用；谣言无法经历各种质疑，也会慢慢地被攻破，通过广大用户的修正，逐步靠近真相。

（五）传播效果要素

信息传播会有怎样的收效要通过大众的反馈来完成的。拉斯韦尔提出的5W模式尽管包含了反馈环节，不过这种反馈，却是单向的。真实的新闻传播需要进行循环反馈才能保证其真实性。传统媒体一般依托观众、读者来信或来电的方式来收集反馈信息，但是自媒体的反馈来源是非常多样化的，且呈现出一定的活跃度。受众的反馈和互动无时无刻不在进行中，反馈成为一种良性的循环，甚至能主导事件的走向。

三、自媒体新闻传播的重构

（一）真假难辨和去伪存真

1. 传统媒体修正自媒体平台转播的新闻

在发现自媒体平台上出现了“海盐事件”的危机之后，传统媒体马上付诸行动，开始进行全方位的辟谣，运用广播和电视以及报纸等渠道向民众普及知识，发出具有权威性的声音，最大程度地降低自媒体平台传播谣言的危害。自媒体新闻平台是全民参与的，发布新闻者的素质水平和知识也是参差不齐的，很多都不是专业的记者，在没有组织、没有知识的情况下，便会随意地散布新闻和谣言。传统媒体可以将自身的组织性和专业性运用到辟谣工作上来，修正自媒体发布的新闻。

网络自媒体的信息经常变化，谣言一经上传很容易被大量传播，传统媒体需要对这些公开的信息进行有针对性的调查和证实，在发现谣言时迅速披露，保证发布信息的及时性和透明度，随时打压还未成型的谣言。如果没有透明的信息，公众就会盲目地相信谣言，因此，应当在自媒体平台上设置舆论监测系统，及时地打压谣言，同时与传统媒体建立相关交流。

2. 自媒体可以进行自我修正

自从产生开始，自媒体平台就拥有了资源集聚的优势，可以进行及时互动，故而容易产生和散播谣言。人们在自媒体上发布的信息并不能有效率地被查实，常常在发现信息之后会马上就上传到自媒体平台上，因此无法保证平台上散播的信息是真实客观的。但是，自媒体平台是全民都在关注的平台，具有自我修正机制。自媒体拥有数量众多的用户，在这一机制下，谣言会失去滋生的摇篮，在用户的反复讨论下，真相被挖掘出来，它是一种十分独特的机制。

（二）把关缺失和“意见领袖”

1. 人的作用会由于市场中的观点自由而被弱化

用户在自媒体上可以无限制地发表言论，几乎可以达到畅所欲言的状态。对于观点表达来说，自媒体平台是一个自由的市场，在这个平台上，各种不同的观点实现了交错交流。相比之下，传统媒体是受到监控的，具有非常严格的制作流程，选择言论也非常地谨慎，最后发布的言论一定是在严格的把关之下筛选出来的言论。在自媒体平台上，信息的传播速度之快难以想象，并且自媒体用户是没有受过专业训练的非专业人士，不一定具备职业素养和专业知识。在自媒体平台上，用户就是媒体，在全民的环境下，可以对信息进行多角度发布；发布的内容也不受限制，可以是图片，也可以是视频等。在这些问题产生之后，自媒体才会进行删帖和封号等一系列的补救措施。因此，自媒体平台并不具有多样化和权威性的把关手段。

2. 把关人被“意见领袖”替代

在自媒体平台上，人们已经逐渐地弱化了“把关人”这一角色，舆论的导向开始由“意见领袖”所决定。他们可以引导网络上的舆论，疏通自媒体平台上堵塞的言论。微博上的官方微博等账号就是“意见领袖”，这些账号可以在自媒体平台上发布相关信息，对舆论进行引导和监控，也可以受到话题讨论的引导。发起话题的人可以发布话题并且上传到微博，微博上的用户也可以用同样的形式参与到发布的话题之中；当然，这些话题也可以通过关键词被搜索出来，通过以上方式便可以聚集舆论。“舆论领袖”包括官方账号、明星名人、专家学者等主体，每个主体都有自己特定的领域，他们会对舆论进行相应的引导，有着强大的作用。

（三）信息冗杂和去粗取精

第一，自媒体舆论在发布自媒体新闻到过滤自媒体新闻的过程中得以形成。在自媒体不断普及的过程中，自媒体平台成为新闻首要的发声平台。比如，微博用户首先将由日本地震引发的盐危机所造成的食盐防辐射问题提出，网络上的其他用户对这些微博进行了疯狂的转发。随着各种用户在自媒体平台上的纷纷转发，谣言就生成了，大家都开始疯狂地抢购食盐。这是自媒体舆论的形成阶段。在这一阶段，大家的舆论焦点带来了食盐的抢购，话题的热度也被很多的用户敏锐地察觉到并进行了关注。

第二，舆论受到了传统媒体的进一步引导，传统媒体包含报纸、广播和电视等，他们都开始对食盐风暴的传言进行辟谣。一方面，传统媒体将现有的情况告知给各个用户，并且普及相关知识；另一方面，公安机关也参与到辟谣的行动当中，将发布谣言的嫌疑人给予处罚。

以上两个方面共同发力，很快就转变了舆论的方向。由于双方做的这些辟谣工作，自媒体平台上面的舆论开始发生逆转。辟谣信息在自媒体平台上传播的速度非常快，并迅速破除了海盐危机的谣言。官方微博具有权威性，大家会自觉地关注权威性的官方微博，并且大力转发，这也得益于自媒体平台具有及时性和互动性的特点。传统媒体在辟谣方面也不甘示弱，通过报道各种相关的实时信息，安抚市民们的不安情绪，将恶意宣传谣言的嫌疑人被抓获的消息和相关的知识信息传递给民众。

第三节　人工智能技术赋能新闻传播的新思路

一、智能传播的概念解析

目前学界、业界对“智能传播”这一概念的理解有狭义、广义之分。本书采用广义的概念。智能传播是指将具有自我学习能力的人工智能技术（Artificial Intelligence，AI）应用在信息生产与流通中的一种新型传播方式。

智能传播语境为以智能化、数据化、网络化为特征的新传播阶段。与传统媒体主导的大众传播时期相比，智能传播阶段有几个鲜明的特点：首先，智能传播阶段的新闻生产以人机协同为特征。智能化技术成为这一阶段新闻生产的助力和支撑。其次，智能传播阶段的新闻生产仍以移动互联网为基础设施，网络社会原子化的个体成为智能传播阶段新闻生产的复杂面向。再次，数据成为智能传播阶段新闻生产的基础资源。智能媒体借助各种数据进行新闻生产、竞争对手分析、用户消费行为分析、精准广告投放等。最后，智能传播阶段适配于内容海量的情境，生产、分发、消费三者的界限日益模糊，三者互相渗透、相互驱动。

二、人工智能技术在新闻业的应用

计算机视觉、机器学习、自然语言处理、机器人和语音识别等人工智能核心技术正在加速进入应用场景。在传媒业，仅仅几年的时间，热门议题已经从“机器人会取代记者吗”让位于“智能编辑部里如何做到人机协同”。

（一）人工智能技术在新闻业的发展历程

人工智能技术在新闻业的应用沿着两条线程展开：一条线程充满探索性，媒体尝试采纳智能技术创新新闻生产与分发；另一条线程则充满怀疑和批判精神，业界和学界一直寻求如何规避和防范人工智能技术可能带来的弊端。

在新闻业较早的有影响力的智能技术应用是自动化写作，通俗地称作机器人写稿。2010 年，一家名为“Narrative Science”（叙事科学）的服务公司推出了机器人写稿软件，该软件致力于让计算机像人一样创作。美联社于 2014 年 7 月开始采用机器人 Wordsmith 写稿，每周可以量产数百万篇报道。2015 年以后，《洛杉矶时报》等国外各大媒体逐步都启用写稿机器人。在中国最早的写稿机器人是腾讯财经频道的 Dreamwriter，2015 年 9 月 10

日，Dreamwriter 发布了一篇名为《8 月 CPI 涨 2%创 12 个月新高》的报道。同年 11 月 7 日，新华社推出了写稿机器人“快笔小新”。“快笔小新”主要用于体育赛事、财经信息领域的报道。此后，第一财经的“DT 稿王”、《南方都市报》的“小南”、今日头条的“张小明”陆续加入自动化写作大军。自动化新闻写作的技术原理是机器读取数据，再将数据填写在预先设置好的新闻模板上，自动生成新闻。自动化新闻写作提升了新闻生产的效率，一条新闻通常可以在几十秒之内完成。随着智能技术的迭代，自动化新闻写作技术也日益成熟，当自动化新闻发展到一定程度，它会成为一个完全的智能化系统，会根据每个受众特征的不同，选择不同的新闻事件、不同的生成算法或者算法参数生成不同的文章，并推送到每个人的媒体终端上。

考虑到人工智能技术的战略意义，各国纷纷出台对该技术的促进政策，人工智能作为战略性新兴技术，开始大规模进入各行各业的应用场景。美国 2016 年 5 月成立“人工智能和机器学习委员会”，负责协调全美各界在人工智能领域的行动，探讨相关政策和法律；2016 年 10 月，美国发布《为人工智能的未来做好准备》和《国家人工智能研究和发展战略规划》两份报告，将人工智能上升到国家战略层面。在我国，国务院于 2017 年 7 月 8 日印发并实施《新一代人工智能发展规划》，人工智能被视为引领未来提升国家竞争力的战略性技术、经济发展的新引擎、社会发展的新机遇。

伴随人工智能技术在应用领域的快速推进，人工智能也与新闻生产有更深入的结合，更多的智能技术进入新闻业。人民网于 2016 年推出无人机报道，新华社联合搜狗于 2018 年推出全球首个“AI 合成主播”，在新闻领域开创了实时音视频与 AI 真人形象合成的先河。近年来，随着物联网迅速崛起，传感器新闻升温。传感器新闻是指专业记者和自媒体运营者通过传感器收集和利用海量信息与数据来“讲故事”的新闻生产模式，摄像头、智能家居、航运数据等都可成为媒体采集信息的工具。智能算法则广泛应用于内容推荐、分发领域。今日头条、快手、抖音等内容分发平台利用智能算法进行个性化推荐与内容审核。

人工智能技术在新闻业拓展创新的同时，学者和业界也致力于探索和规避人工智能技术可能带来的风险和新问题，各界最关切的问题有这样几个方面：首先，人工智能技术带来的偏见。英国下议院科学和技术委员会关于机器人技术和人工智能的报告，以谷歌相册将深色皮肤的人群标记为大猩猩的案例，表达了对于人工智能系统内置的偏见与歧视的关切。这一案例揭示，人工智能机器会受人工设计的结构和学习进程中接收数据的世界观的影响，在新闻业，这往往导致其在新闻推荐及分发过程中产生偏见，即由于算法设计者自身的偏见造成算法设计出现偏差。近年来，各界一直在批评算法设计过于商业化造成移动端内容低质量娱乐化。其次，社交媒体机器人造假也在困扰新闻分发。在很多社交媒体平台，可以模仿人类内容生产行为的机器人账号在大量推送假新闻。难以捉摸的机器人还很容易渗透到一群不能识别机器人的人类中，影响他们对新闻的判断和感知。此外，信息茧房、人工智能伦理等问题也在困扰人工智能的发展。一定意义上说，技术带来的问题仍需技术解决，各内容分发平台探索算法优化的方法，并开发新闻核查的工具，如 Facebook 利用人工智能改善社交网络的许多问题，如欺凌、仇恨言论、暴力、虚假账户等。

人工智能技术进入新闻业应用场景仅仅几年时间，行业内对其从抵触到接纳。新闻业从人工智能威胁论走向了人机协作探索，即从探讨“机器人会替代记者吗”这样的话题到开始探索“如何在新闻编辑部开展人机协同”。哥伦比亚大学数字新闻中心发布的报告认为，人工智能工具可以帮助记者完成因资源匮乏或技术无法触及而难以推进的故事。美联社于 2017 年推出的新闻编辑部人工智能使用手册里指出，人工智能可以参与烦琐的初级任务，将记者解放出来从事更复杂、更高质量的报道工作。

（二）人工智能技术在新闻生产中的全流程渗透

如果将人工智能技术在新闻业的应用场景做分类梳理，可以发现机器写作、认知识别、文字语音转换、数据分析、智能分发等应用已经分布在新闻生产的全链条，在国外，美联社、《华盛顿邮报》、Quartz、BBC 等媒体探索如何将人工智能技术引入新闻编辑部。在国内，从中央级媒体到地方媒体，2019 年以后已将智能化技术纳入媒介融合转型的下一步发展规划，人工智能技术已经从探索期走向规模发展应用阶段。

第一，提高新闻信息采集能力。人工智能技术助力记者采集使用传统采访方法难以采集到的信息。

首先是采访场景延伸。美联社、《纽约时报》、《华盛顿邮报》等新闻机构 2015 年开始通过无人机搜集新闻素材，这使得原本难以拍摄的场景能够被采集到，并能获得角度更佳的精彩画面。如 CNN 曾使用无人机拍摄了路易斯安那州的洪水、密歇根州弗林特的水污染、叙利亚空袭后的阿勒颇、尼泊尔的地震等难以深入的新闻现场；BBC 则利用动物机器人拍纪录片，机器人栩栩如生，动物没有戒备心，纪录片画面更为生动。

其次是信源拓展。传统新闻采集以记者对采访对象的面对面或者通过社交软件等中介的采访为主。人工智能技术则拓展了信源，记者可以通过数据挖掘、传感器来获取新闻线索。特别是随着 5G 时代的到来，万物互联，传感器新闻将兴起。传感器新闻是指使用传感器收集并生成数据，然后经过数据分析、可视化呈现等方式来支持新闻报道。5G 时代，数据进一步汇聚，内容采集甚至可能从记者采集新闻为主逐步转向以采集处理各种传感器所采集的数据为主。

再次是化身记者助手。人工智能技术正在延伸人的能力，它们的作用之一是成为记者的助手，延伸记者的能力，帮助记者完成难度更高的工作。例如，2019 年“两会”期间，新华社为记者配备智能 AR 直播眼镜辅助采访。英国 BBC 新闻实验室则使用智能工具 Juicer 进行信息提取工作。信息跟踪机器人的出现也为记者获取新闻事实提供了新的途径。

第二，多媒体自动化新闻制作。在新闻制作环节，自动化写作、视频剪辑、计算机视觉、语音图像识别等技术均已广泛应用，MGC（Machine Generated Contents，机器生产内容）时代到来。技术日趋成熟，文本资料和数据库日益丰富，自动化新闻已经在新闻业加速普及，除了腾讯 Dreamwriter、新华社小新之外，微软小冰也开始为钱江晚报客户端、封面客户端等写稿，此外，中国地震网等政务机构也开始应用机器人写稿。随着新闻生产的自动化技术提高，除了图文的自动化写作之外，MGC 已经进化到可以自动化生产视频内容。

第三，智能化新闻核查。UGC（用户生产内容）、PGC（专业生产内容）、OGC（职业生产内容）、MGC（机器生产内容）每天向内容分发平台上传海量内容，这给内容审核带来巨大压力，假新闻、黄色、暴力、诽谤、攻击……靠人工审核难以完成如此巨量的工作，人工智能技术被广泛用于助力新闻核查。Facebook 从 2016 年开始越来越多地使用人工智能技术对不良内容加以甄别。国内快手、抖音、今日头条等内容分发平台也使用人工智能技术核查内容。腾讯的较真平台在 2019 年升级为辟谣中台。在这个辟谣中台，技术和人共同发挥作用，一方面智能技术进行甄别，另一方面也需要各行各业的专业人士在较真平台帮助科普和鉴定。

第四，算法推荐技术主导智能分发。Facebook、今日头条等越来越多的内容分发平台引入人工智能算法，《纽约时报》《华盛顿邮报》《人民日报》等品牌媒体的 App 平台也开始利用人工智能提升个性化推送的精准程度。智能分发的机理是通过机器学习技术对用户画像，再利用人工智能面向用户精确推送内容。智能分发的特征是精准化、个人化、强交互，新闻业从“千人一面”逐步走向“千人千面”。智媒技术同时探索更多抵达个体读者的方式，例如“新闻聊天机器人”，也被称作“新闻社交机器人”，运用人工智能技术与用户使用对话方式精准推送自动筛选的新闻资讯，不仅实现了一对一的个人化分发，媒体与用户之间的互动交流也提高了内容服务的人情味。美国数字商业新闻网站 Quartz 的新闻聊天机器人提供的新闻阅读起来就像来自朋友的短信，它甚至学会了使用与用户相似的交谈方法、GIF 动图以及表情符号。当用户浏览完当前新闻后，Quartz 机器人还会向用户提些问题。新闻聊天机器人不仅能够提高新闻服务质量，通过屏读用户数据，也可以积累大量有效用户数据，这为新闻的私人定制提供了基础。

三、人工智能技术对新闻报道的影响

人工智能经历了曲折而漫长的发展过程，包括使用机器写作、智能化搜索引擎、自动驾驶技术等。在传媒领域，自生产到传播的各个环节，新闻已经开始广泛地使用人工智能技术。比如，新闻的自动化写作、个性化推送以及全景化报道等，都是人工智能在新闻领域的运用。媒体的智能化得到了快速的发展，在此过程中，人们充分享受到了智能化技术带给工作与生活的便利，与此同时，也关注到了新闻伦理因人工智能技术而受到的挑战与冲击。近些年来，随着人工智能研究的不断深入，相关的理论以及技术也在不断完善。人工智能的运用范围越来越广泛，人类不仅在研究人工智能的技术与希望，同时也对人工智能的困境进行着探索。在不断研发和创新过程中，人工智能物理层面的障碍与局限性被不断克服，其形态与功能在不断发生着变化，人工智能指的是高度仿真人类行为的机器，对数据库中的大量知识与信息进行学习，从而具备相应的语言处理以及辨识事物的能力。互联网终端渐趋移动化，也更加普及。在此基础上，各类数据资源得到聚合，深度的学习算法及模型变得越来越重要，语音的交互也越来越人性化、智能化。现阶段人工智能的相关技术得到了迅速发展。这项技术不仅被运用于机器人的研发过程中，也有了越来越多的种类和形式，基本功能开始变得多元化，也更加复杂。人工智能是一种模仿人类的特殊设备，它能够对人类的思维以及人类的意识进行高度模拟，是人为制造出来的设备。在进行程序预设的前提下，人工智能可以进行一定程度的独立思考和超级计算，从大量的数据库中对信息进行筛选与组合，而且有某些方面甚至能够超越人类的能力。

随着科学技术的不断发展，社会生产与实践的过程中会大量用到人工智能设备。这种由人类研制开发的智能化技术，被赋予了与人类相似的感官功能，比如触觉、听觉以及视觉等；而且因为程序上的编排而产生了一定的推理和学习能力，还可以进行一些较为复杂的劳动。可以看出，人工智能可以对环境进行感知并且据此做出反应，这种反应有利于目标的达成。人工智能可以将人的智慧转化为程序，进而转化为机器的行为。虽然机器不具备人类的相关生理特性，但是可以通过预设的程序来进行深度学习，让机器具备同人类相似的理解信息、推理信息、判断信息以及识别信息的能力。深度学习能力并非是指人工智能具备了思想能力，而是人类赋予机器的一种行为。因为机器并不具备生命力，也不能进行新陈代谢。

不断出现的技术浪潮推动着社会的快速转型，企业和媒体越来越推崇人工智能的运用。增强现实（AR）新闻、虚拟现实技术（VR）新闻、个性推荐以及自动化的新闻写作开始在新闻生产和传播的各个环节推广运用，让新闻的生产变得更加智能化。以下将从三方面对人工智能与新闻传播的关系进行详细阐述。

（一）新闻生产自动化的影响

随着科学技术的不断进步，新闻的生产方式也在不断发生变革，新闻生产的所有环节都融入了人工智能技术。这不仅大幅度提升了新闻的生产效率，而且也在很大程度上解放了人类的劳动。其一，在新闻生产过程中，首先要搜集与整理基础信息事实。自从有了人工智能技术，这一过程不再完全依靠记者的采访与报道，实时更新的网络资源成为信息搜集的主要来源，而不再像过去那样仅仅依靠社会实践。其二，信息成文的时效性有了很大提升。有了人工智能技术的支持，各类新闻事件可以在第一时间搜集与整理素材，并且以最快的速度被编辑成新闻稿件；各种数据可以被直观而准确地加以分析和展示，这样在很大程度上避免了记者在处理数据过程中出现的主观性失误，更加凸显新闻报道的客观性和严谨性。

"数据驱动新闻"的一个重要产品是机器人新闻。通过为计算机设定特殊的程序，命令其抓取和加工相关的数据信息，在不受或少受人工干预的情况下，自动生成可供阅读的、较为完整的新闻文本。特别是在天气预报、体育新闻以及财经报道等领域，自动新闻的重要性越来越明显。目前，自动化新闻已经实现了自主生产以及自主推送。

目前新闻的自动化生产，模板化的趋势较为严重。但由于其生成技术也在不断创新与变革，未来自动化新闻有望在深度分析以及情感表达方面取得新的突破，让新闻更加人性化，也更加智能化。在对人工智能进行升级和改造的过程中，人们对于人工智能学习能力的提升给予了额外关注，促进人工智能不断学习，不断提升其分析能力、判断能力以及自我认知的能力。一些较为复杂的问题则会被设立成为独立存在的小任务，通过排列组合，帮助新闻记者去印证假设，追溯更多的新闻线索。

随着移动互联网的不断普及，传统的新闻生产模式逐渐被人工智能技术所取代。新闻采写的过程有了更多机器参与的痕迹，这也是对大众追求新闻"短平快"的一种迎合。机器人记者已经可以与人开展简单的互动与交流，有序整理相关的文字、图片、视频以及音频，以最快的速度形成新闻，并独立完成相关的新闻采访。湖北广电在我国最早采用机器人记者进行采访报道，他们给机器人记者命名为"云朵"，并让它承担起了融媒体报道的相关任务。通过人工智能技术生产新闻，可以使新闻的内容得到快速更新，并始终处于一种"无终态"的模式。

人工新闻记者的报道主题通常都有特定的选题，如果不设定长期议题，便无法对一个新闻事件进行长期的跟踪报道。究其原因，人力资源是有限的，而每天发生的新闻又源源不断，所以只能选取更有价值、受众更感兴趣的事件进行报道，以满足他们的求知欲以及知情权。但如果使用人工智能技术来对新闻事件进行报道，就可以克服人力资源的局限性，全天候地开展工作，实时更新新闻文本，从而使新闻呈现出动态化的模式。这对于人们所认识的传统新闻观而言是一种突破，使得新闻的真实性更值得商榷，也会出现更多的反转性新闻。新闻生产模式处于一种实时更新的状态，这成为人工智能时代的一种新闻生产常态，所以对于受众来说，也需要不断提升自身的新闻素养。

自动化新闻的动力是程序以及数据，这种生产模式能够令新闻的生产效率得到大幅度提升，提高新闻质量，拓展报道范围。人工智能通过相应的计算能力，对社会的各种动态和事件进行灵敏的分析与报道。与此同时，人工智能模式下的新闻生产模式也存在着弊端：一是由于新闻的产生属于数据化的过程，在此过程中有时会出现数据方面的偏差，也容易陷于模式化的状态；二是与人工新闻相比，自动化新闻在情感表达以及思辨性方面要略为逊色；三是由于传感器以及物联网的普及，自动化新闻有了更多的发展机遇，虽然报道的深度有所增加，思辨逻辑有所增强，但是这种庞大的互联互通同时也会带来更大的网络安全隐患。

（二）新闻推送个性化的影响

伴随着人工智能技术在传媒业的不断应用，新闻生产模式产生了非常大的变化，正从宏观格局逐步向微观业务链发展。大数据的极速发展给人们带来了海量的信息数据，而其最终目标是在海量的信息中对最符合自身需要的、最有价值的信息进行选择和获取，而这一需求也是推动新闻传播实践活动得以顺利展开的关键因素。所以，不管新闻传播媒体怎样变革，都应该以满足受众的需求为出发点，收集和整合用户的兴趣爱好等数据，从而更有针对性地为用户推送个性化的信息。

新技术的运用让新闻文本的形态发生了重要变化，同时也深入挖掘了新闻的潜力。对用户和数据的双向选择机制，是通过内在的运算逻辑来完成的。数据是从用户的信息行为中产生的，通过收集到的数据特征，对用户实行个性化信息的推送，以此来完成数据和人们的双向反馈，让用户可以尽快地在众多的信息中提取到自己需要的信息。

移动聚合类 App 对个性化算法推荐技术运用得最多，尤其以今日头条最为典型，它利用算法机制来稳定用户吸引了大量的用户。个性化新闻推荐系统通过收集和整合用户的信息习惯，并对用户的个人信息如性别、信息需求和年龄等进行了解，从而给用户搭建了一个信息数据库，让用户及时地了解到外在信息环境的变化，推送给用户个性化的信息。

技术的不断更新换代和完善，让新闻推荐系统的服务特点呈现出人性化和个性化的特点，并为用户推送符合场景需求的新闻信息。以往的新闻发布是连贯性的，但是个性化新闻推送却有所不同。它的生产和传播是相互独立的，对新闻资讯内容的发布也是独立完成的。

移动互联网的便捷性让个性化算法新闻内容的发布平台更加多样化和多元化，这对传统媒体起到了很好的补充作用，充分挖掘了新闻资讯的价值，让其得到了更广泛的传播，而且可以精准地推送到有需求的用户手上，并且节省了用户筛选信息的时间，提高了新闻的利用效率，同时，个性化新闻推荐系统还能记录和分析用户的行为习惯，并自动地对新闻资讯进行筛选，及时推送用户感兴趣的新闻。这一过程无缝衔接，缺少了任何一个环节，都会导致信息无法准时推送。

在数据的基础上工作是使用个性化新闻推荐算法的前提，同时还要把握数据资源的不同使用方式，比如统计的单位时间点击量、兴趣爱好等，受众的兴趣爱好千差万别，这就导致了对信息的需求也有很大程度上的不同，利用个性化算法推荐系统，可以让系统更好地了解用户的兴趣爱好，并为用户搭建个性化的兴趣模型，通过对数据进行统计分析，推送用户需求的信息。个性化算法推荐系统建立在基本算法推荐呈现的基础之上，并可以扩展到浏览该信息的其他用户的信息需求中。

除此以外，个性化算法推荐的另一个重要指标则是单位时间内的瞬时点击量大小，在单位时间内点击量越大的信息，越有可能被及时地推送给用户，让信息的价值得到最大化的体现，并确保信息可以多方位地推送。为了让算法推荐系统更加完善，更加符合用户的信息需求，出现了一种混合算法程序。即对各种算法推荐技术的长处进行归纳，利用多维度的联系方式使其成为一个整体的算法推荐系统，这样能够确保信息推送更加全面，满足用户的多方位信息需要。算法新闻对传统的新闻报道模式产生了非常大的冲击，并且通过人工智能技术让信息分发渠道更加智能化，可以同时针对用户的行为习惯、所处场景和兴趣爱好来进行信息的个性化推送，让新闻内容向更加个性化、适配化的方向进行分发。

连续性是传统新闻叙事的主要条件，这会造成不同受众的不同理解。个性化算法推荐机制能够更加准确地深入挖掘用户潜力，并引导用户对信息进行自主检索，同时还能对受众的浏览行为进行个性化的叙述文本推送。这种模式让整体叙事意义的发展具有不稳定性和多样性，使得新闻信息在题材、来源和类型等方面不受算法过滤和反馈处理的制约，有利于人们获取到和自身观点一致的信息，同时忽视不同观点的信息。这也导致人们的视野受到较大的限制，产生信息茧房效应，并出现非常顽固的个人主义思想。

（三）新闻报道全景化的影响

增强现实技术（AR）以及虚拟现实技术（VR）在新闻领域的运用越来越广泛，数字化技术的模拟能力越来越强大，各类新闻开始逐渐实现了全景化报道，智能化背景下的未来影像逐渐受到了人们越来越多的关注。人们已经进入了一个媒介融合的新时代，数字化、信息化技术日新月异。全景化新闻从不同的空间以及时间维度上全方位、动态化地展示新闻事件，对新闻实施立体化的把握。全景化的新闻报道可以逼真地模拟现实环境，这对于传统的新闻生产模式及其客观性是一种很大的冲击。对新闻细节的高度还原使信息的传播更加全面，信息的公开化程度进一步加深，而且改变了新闻的结构，进一步提高了新闻报道的现场感。

VR 技术是一种仿真的计算机系统，它可以建立虚拟化的世界并让人们进行体验，通过利用计算机系统中的图形合成功能以及对接口设备的控制来模拟现实环境，用户可以在虚拟现实世界中实现“身临其境”的效果。

AR 技术可以在现实的真空中叠加虚拟的影像，让新闻更具立体感以及真实性。传统的信息传播模式与 VR、AR 技术相融合，可以实现新闻的全景化报道。

与过去传统的线性以及平面性新闻报道的模式不同，全景化新闻报道能够集中新媒体与传统媒体的优势，受众接收到的信息更加立体化，视角更多元，时间与空间的局限性得以突破，互动的效果以及现场感能够被受众深刻感受到。全景化新闻中的全景图片新闻出现得最早，传统媒介只能对新闻进行静态化的展现，而数字化技术打破了这一局限。受众通过智能化的终端能够看到全方位、立体化的图片展示，而且还可以重点观看这些图片当中的任意信息。

现阶段 VR 技术得到了快速发展，在全景图片新闻的基础上，又产生了全景视频新闻，全景化的新闻报道模式得到了进一步拓展。佩戴智能化的设备可以充分调动观众的触觉、视觉以及听觉器官的功能，通过第一人称的视角来感知新闻中的情形以及事件。受众则会因其逼真的效果而暂时沉浸在特殊的氛围当中，在全景化的新闻报道中感受到时间和空间的变化，从而突破过去传统新闻报道模式中的局限性。与 VR 技术相比，AR 技术有着更大的优势。它能够利用仿真技术来唤醒人体的各种感官功能，真实地展现一些数字化的物体，发展空间巨大。全景式的新闻信息有两种非常独特的体验：一是沉浸性，二是交互性，新闻事件及新闻现场可以通过 VR，AR 技术的结合得到更好的还原。记者以及编辑并不出现在新闻报道之中，他们只是通过技术将信息传达给受众，受众则可以通过全景化的展示来亲身体验新闻事件和现场，并在此基础上自行解读信息。过去传统的新闻报道都有其特定的叙事结构，而虚拟现实技术弱化了这种结构方面的固定模式，叙事者不再具有绝对的权威性，新闻呈现出一种“复线式的结构”。

对于传统媒体来说，在利用文字、图片以及声音信息来对新闻事件进行报道的过程中，媒体中介会消解其中的大量信息，但是虚拟现实技术的运用可以对新闻报道的视角进行重构。用户和受众是新闻工作的中心，他们被赋予了当事人的特殊身份，可以置身于逼真而虚拟的新闻现场，这种以第一人称所感受到的新闻事件会给受众带来非常特殊的感官体验。虚拟现实技术以及增强现实技术给予了受众更多的主动权和参与权，信息传播的过程有了更多的互动环节，进而重塑了新闻报道的传统格局。

全景化的新闻报道重建了受众的视角，采取的是多线索以及交互性的叙事方式。在新闻传播的效果得到明显提升的同时，自然也会带来一定的不利因素，比如，对受众产生的不良的感官刺激，给相关人员带来的个人隐私方面的风险等。

四、人工智能技术造成新闻问题的原因

人工智能在新闻业中的运用越来越频繁，也越来越普及，这为新闻业的发展带来了不同以往的新局面，并且随着个性化算法推荐、VR/AR 新闻和自动新闻写作的发展不断深入，新闻业的结构性整合也出现了全新的改变。不管是新闻生产环节还是在新闻传播环节，都离不开人工智能技术的普遍运用。当然，所有的技术都不可能毫无缺陷，尤其是在弱人工智能时期，其问题也在逐渐显现。比如，算法推荐偏见和歧视问题、人文关怀和工具理性之间的冲突，以及新闻价值受虚拟现实新闻的异化和冲击的问题；同时，在人工智能技术的发展过程中，新闻伦理问题也更加突出。

（一）新闻职业道德体系不完善

新闻职业道德准则要想不断地得到完善和更新，需要在实践中不断进行。但是由于新闻传播实践的极速发展，导致传统的新闻职业道德体系无法跟上实践发展的需求，加上新闻传播实践中融合了人工智能技术，同样带来了各种伦理问题的不断出现。可以清楚地认识到，自动化新闻写作模式并不能完全脱离人类的劳动而单独存在，该模式是完全理性化的，没有情感和思想意识，也不能对事件的是非真假进行甄别。信息茧房的产生完全受人类设置的数据和程序的制约，这就需要不断地加强人工智能技术研发人员的职业道德。虽然信息传播方式会受算法推荐的影响，但是其内容还是需要人类进行一定的监督和管理，所以要保证信息传播的真实性和客观性，还需要依靠新闻从业人员的把控，同时还需要人工智能技术人员具备良好的伦理道德底线。

新闻工作者要负责监督管理新闻内容，并掌控新闻价值的底线，临场化的新闻业不能只体现传播的效率，而对内容不加以辨别，这会导致内容的冲击力突破受众的接受能力。人类对责任和义务的明确规范是技术责任得以实现的重要保证。所以，新闻职业道德体系的不断完善和建立，要求新闻从业人员在利用人工智能技术的过程中，遵守一定的新闻职业道德规范，并对自己的责任和义务有明确的认识，这样才能确保新闻传播行业获得长期稳定的发展。

在新闻生产和传播的过程中，新闻职业道德都起到了非常关键的作用。不管是新闻传播专业的学生还是新闻从业人员，都必须牢记新闻职业道德规范，并要重视传统新闻职业道德的连贯性。对同样的文本，不同的受众会有不同的看法和认识。个性化算法推荐机制正是利用了这一特点。个性化算法推荐机制通过深度挖掘潜在用户，引导其进行信息的自主检索和查找，从用户的浏览习惯中进行数据记录，推送具有个性化特征的信息服务。用

户不同的个人叙事要求，让整体叙事意义更加地多元化和不稳定化。

（二）人工智能技术发展不成熟

在新闻生产传播中采用人工智能技术尚处于摸索阶段，没有很好的成功经验可供借鉴，人们也是在探索中确认和验证人工智能的价值。人类的感觉、神经和行为都可以通过人工智能来进行模拟，从而单独完成新闻写作任务；同时还能在虚拟场景中模拟人们的感受，这为人们与新闻报道模式的关系改变创造了条件，并弱化了内容和媒介之间的界限。换言之，一个媒介有可能是由其他媒介的内容引申而来的现在，人工智能技术的发展还处在弱人工智能发展阶段，技术上还存在着各种各样的缺陷和问题。虽然这为新闻行业的发展带来了前所未有的机遇，但是它带来的伦理问题也在逐渐显露。需要长期、艰巨的实践过程来不断完善这一过程，同步对技术瓶颈进行有效突破。事实上，人工智能技术在与各行业的融合过程中会产生各种各样的问题，这都需要不断完善人工智能在理解自然语言、计算机视觉、知识获取、机器学习中的技术水平。从人工智能的发展过程可以看出，人们对技术的期望非常高。在信息科学技术的推动下，人们想要的生活模式得以实现，信息传播不再受限于时间和空间，信息的更新也更加快速和便捷。尽管如此，人们也并没有止步，而是一直在追求着科学技术的不断发展。

毋庸置疑，人工智能给人们带来一种全新的生活体验，一些简单的体力劳动和信息运算都能利用机器来完成，这在很大程度上减轻了人们的工作强度。当然，技术也并不是无所不能的，人工智能虽然可以进行新闻自动化写作，却没有办法对信息的真实性进行监测和核对，并不具备思考能力和辨别能力。

除此以外，人工智能为了模仿人类智慧，同时会对心理学、计算机科学、神经学等学科有所涉猎，因此，这些学科的发展方向和发展程度也会对人工智能技术的实践产生关键性的影响，所以，在发展的过程中也会面临种种问题，技术瓶颈的产生也是无可避免的，人们的目标是让人工智能能够实现人类的感知功能，进行深度学习，但是这个目标目前来说还是很有难度的。机器并不具备生命体特征，也无法像人类一样思考，就算在运算功能上已经赶超了人类，但是也不可能具备思考能力。

人工智能技术进行工作，需要接收到人类发出的指令，这就造成了它的发展必然会受到人类的控制，不可能脱离人类的操控而存在。它不具备自主思考能力，也不能对问题进行自主判断，没有情感，同时，它还受到程序错乱、识别控制权限、机器损耗等各种问题的困扰，而且人工智能不能辨别对错，若是被非法分子利用，将会造成无法挽回的损失。人类现阶段的水平还不能对人工智能技术的失控问题进行有效的控制，这也是人工智能技术的一大隐患。所以说，人工智能技术形成的伦理问题是由人工智能技术的局限性所决定的。

五、人工智能技术造成新闻问题的应对策略

（一）新闻传播优化技术策略

个性化新闻算法推荐技术的优势在于能够针对用户进行信息筛选，过滤掉不匹配的信息，这样既能有效增强用户的信息使用效率，还能针对用户进行信息推送，不但满足用户对各行业、各领域信息的需求，也能让用户在信息基础之上对事件的发展趋势进行预测和推断，并采取恰当的措施来应对。该办法的劣势在于，多位算法推荐系统的建立是非常复杂且又是必须建立的，这样才能确保信息不会过度集中，也能保证算法的透明度得到不断提升，对算法进行有效的监测和完善。

1. 提高算法的技术透明度

人工智能技术在实践中得到不断的提升和完善，在很大程度上强化了机器学习这项功能，在解决问题时更多地采用了和人类主动学习相似的方式，并对人脑神经网络的思维构造进行了模拟，这也弱化了程序算法和独立思考两者之间的界限。不管是在数据分析中，还是在个性推荐过程中，算法的意义都是非常关键的，这也会使得新闻伦理问题越来越多。为了有效解决这一问题，要对数据的关系和真实性进行人工核实，权衡新闻伦理和数据之间的关系，而后再进行选择。

（1）采用非技术性语言来讲解人工智能技术的数据处理，让数据的透明使用度得到较好的提升。算法是在一定的数据支持下进行的，让受众对数据使用的方法有所了解，就需要新闻采编人员对人工智能技术的运行进行通俗易懂的讲解，并让公众进行监督和建议。对算法进行非技术性语言解释具有一定的难度，需要新闻工作者立足于公众需求来进行简单通俗的阐释，从而让大众对算法常识有一定的了解和认识，提升公众的媒介素质。在人工智能的帮助下，新闻生产呈现出越来越学术化的趋势，因此要谨慎核查和说明新闻产品中的算法和数据，确保新闻的生产不违背新闻伦理的规范和要求。

（2）传媒组织机构在生产新闻时要合理地采用人工智能技术，并承担相应的责任，以不违背新闻伦理为标准。新闻机构需要掌握基础性的数据运算规则，这样才能保证新闻生产不会出现新闻伦理问题。这就需要新闻组织机构将算法规则和程序向公众进行公开和披露，并接受公众的监督和建议。一般公众对算法的了解和认知都是非常有限的，这需要新闻组织机构对运行中的伦理奉献进行一定的告知和阐释，确保公众能够理智地看待人工智能技术，进而阅读和了解智能新闻。除此以外，新闻组织机构还要设立相关的问责制度。

人工智能算法程序是人编写的，智能新闻是由新闻工作人员编写的，所以，他们需要负责数据的准确性和有效性。

人工智能程序的设计人员和新闻从业人员要对智能新闻的失误负责。机器是不具备判断能力的，所以，新闻从业人员要监督人工智能技术生产出来的新闻是否符合规范。机器算法出现失误最主要的原因是人类行为的不当，所以，对算法技术运作程序和新闻内容的质量进行人工把控和监督是非常必要的，这样才能防止新闻伦理问题的产生。

2. 建立多维算法技术系统

解决人工智能技术运用中产生的新闻伦理失范问题，不能单纯地依靠控制生产的方式，而是应该从完善技术的角度去进行有效解决。在新闻传播领域中运用人工智能技术是一种发展趋势，既能有效确保充分发挥媒介的技术价值，同时还能对技术发展的价值进行深入的思考。人工智能技术的完善和发展必然是一个长期艰巨的任务，需要大量的实践数据予以验证，并真正地运用到产业生产中去，这个过程又会出现新的问题，所以应该根据实践的需求来不断地对技术进行优化。

（1）要对人工智能技术的使用标准和范围进行有效规范，让内容和技术均衡发展。在对新闻内容进行过滤时，人工和技术的区别在于人工的灵活性更好，不过，准确性欠佳，在数据处理上人类受到的限制比较多，但是技术却正好弥补了这一问题。算法并非单纯地包括推荐和检索关键词两项功能，还可以运用算法识别功能，自动过滤掉一些过激言论，建设健康的信息环境。

（2）个性化算法推荐技术将用户局限在一定的信息范围内，而且通过该种方法进行的信息推荐都是根据用户初次检索的信息和关键词来进行的，这对用户的多维度信息需求的满足程度不是很高，无法让用户获取到其他信息。目前使用的算法推荐技术还有待加强，主要可以从对个性化推荐算法程序的分析范围和数据记录进行扩展，对用户的行为习惯和社会信息环境的变化进行把握，从而让信息推送更加贴近用户的生活和需求，并且将用户的个人浏览习惯添加到新闻 App 中去，进而掌握用户的信息行为，防止出现只推送一个领域的信息而导致用户无法获取到其他领域重要信息的现象。

随着物联网技术和大数据技术的发展，个人和信息的融合更加深化，这样不但可以把握用户的新闻消费情况，还能对其生活的其他数据进行监管和了解。这些数据可以作为个性化算法推荐技术进行信息内容推荐的依据，并将新闻内容的原始素材放置于各种各样的数据中，通过不断地加工、整合和完善，让其搭建的拟态环境符合大众的需求，可见，对用户的数据信息进行传播和记录会导致个人隐私泄露的问题出现，这就需要重新界定隐私权的定义，让用户自主地选择是否公开自己的个人信息。这样信息推送模式和推送的信息内容将更加符合用户的需求，也更容易被用户所接纳。

(3) 人工智能技术的改进和完善需要经过长期艰巨的探索和实践。在新闻生产过程中，要求新闻工作者对信息核查工作更加仔细，严格控制信息源，防止出现信息输入错误等问题。一般而言，算法推荐的信息基本上都是外部数据，因此，对信息源头进行控制和监测是有效扩充信息范围的重要手段。

(4) 用户在社会媒介系统中对信息的选择是自主的，如果用户只对自己喜好的信息内容进行选择，会造成用户对其他信息的关注度不高，不管是不是采用个性化推荐机制，都会出现信息茧房的问题。所以，不但要在技术层面控制信息推送的集中化问题，也需要用户自身做好信息平衡，避免只接触自己感兴趣的内容。

(二) 健全新闻职业道德体系策略

建立新闻职业道德体系需要经过长期、艰巨的工作才能完成。传统的新闻职业道德规范主要由政府和党组织来进行监管，是一种意识形态上的管理。虽然行业自律比较欠缺，但是新闻传播技术的改革和受众界限的弱化，使得新闻行业的自律作用越来越突出。在新闻传播的新阶段，行业自律的重要性完全可以媲美政府监管，两者都会对新闻从业者产生重要的监督作用，更好地实现新闻传播。

目前，技术和内容一直都在不断地进行博弈，技术对有价值的信息产生着关键性的作用，并且在新闻的生产和传播过程中都离不开人工智能技术。这不单单带来了信息传播的重要变革，更是让越来越多的伦理问题得以显现，这对新闻生产和传播来说既是挑战也是机遇。新闻从业者的行为受到新闻职业道德规范的限制和约束，并对新闻舆论起着重要的引导作用。随着智能新闻报道越来越广泛和普及，目前的新闻职业道德体系已经无法满足需求了，这就要求新闻职业道德体系不断完善和升级，让其能够更好地适应传媒智能化的发展要求。

新闻传播的业务变化也决定着新闻职业道德体系的建设，具体体现在如下方面：

第一，新闻从业人员的行为规范要符合传统的新闻传播职业道德准则的要求，以新闻的正确引导作用和真实性为目标，保证新闻行业的良好风气。

第二，在实践中不断完善和改进新闻职业道德的准则要求，将符合智能新闻生产和传播的职业道德规范加入传统的新闻职业道德规范当中去，让人们对人工智能技术有客观的认识，以防不法分子利用人工智能技术传播虚假信息，产生错误的舆论。

第三，要严格惩治违反新闻职业道德准则的行为，对违反新闻职业道德规范的新闻工作者实施量化的衡量标准。所以，这就需要新闻从业者加强个人的自律并接受新闻主管部门、单位和社会大众的建议和监管。现在国内对新闻从业者的监管还不是特别完善，对违反新闻职业道德规范的行为也没有进行及时的纠正和惩治。基于此，建立一个有效的媒体机构监督部门也是一个刻不容缓的工作，这样才能有效地监督和管理媒体从业者，并定期开展职业道德教育的培训，严厉处罚违反职业道德的行为，这样才能让新闻信息的生产和传播更加有序、健康发展。

参考文献

[1] 王鲁美. 媒介融合下新闻传播的创新发展［M］. 长春：吉林文史出版社，2023.

[2] 周文. 基于媒介融合的新闻传播与发展［M］. 长春：吉林出版集团股份有限公司，2022.

[3] 李良荣. 新闻学概论（第7版）［M］. 上海：复旦大学出版社，2021.

[4] 刘文阁，李强. 新闻传播概论［M］. 北京：民主与建设出版社，2021.

[5]《新闻学概论》编写组. 新闻学概论［M］. 北京：高等教育出版社，2020.

[6] 陈丽芳. 新媒体时代新闻传播研究［M］. 沈阳：辽宁人民出版社，2020.

[7] 隋岩，哈艳秋. 新闻传播学前沿［M］. 北京：中国国际广播出版社，2020.

[8] 王晓宁. 融合新闻传播新论［M］. 南京：南京师范大学出版社，2020.

[9] 张涛. 融媒时代新闻传播及其变革探析［M］. 北京：中国商务出版社，2019.

[10] 耿思嘉，高徽，程沛. 新闻传播与广告创意［M］. 长春：吉林人民出版社，2019.

[11] 赵丽芳，毛湛文. 新闻传播学入门基础导读［M］. 北京：五洲传播出版社，2019.

[12] 汪万福. 新闻传播学［M］. 长春：吉林大学出版社，2018.

[13] 李轶. 媒介融合趋势下的新闻传播及其变革研究［M］. 北京：中国商业出版社，2018.

[14] 贺勇. 融媒时代的新闻传播发展与变革［M］. 北京：中国商业出版社，2017.

[15] 毕书清，李婷婷. 传播变革：新时期传统媒体的变革与发展［M］. 南京：江苏凤凰科学技术出版社，2017.

[16] 肖叶飞. 媒介融合与媒体转型［M］. 合肥：安徽师范大学出版社，2017.

[17] 袁琴，何静. 现代新媒体的融合与发展［M］. 长春：吉林大学出版社，2017.

[18] 黄楚新. 新媒体：微传播与融媒发展［M］. 北京：人民日报出版社，2017.

[19] 李骏. 媒介融合前瞻为新闻插上数字的翅膀［M］. 杭州：浙江大学出版社，2017.

[20] 王晓霞. 媒介融合背景下纸媒的生存与发展 [M]. 长春：吉林文史出版社，2017.

[21] 费君清. 媒介融合与文化传承 [M]. 杭州：浙江大学出版社，2016.

[22] 刘宏，栾轶玫. 新闻传播理论 [M]. 北京：中国传媒大学出版社，2016.

[23] 鲍海波，王敏芝. 新闻学基础理论 [M]. 西安：陕西师范大学出版总社有限公司，2015.

[24] 胡德才. 媒介融合时代的传媒与艺术教育 [M]. 武汉：武汉大学出版社，2015.

[25] 陈丽菲. 媒介融合背景下的新闻传播教育 [M]. 桂林：广西师范大学出版社，2015.

[26] 潘可武. 媒介经营管理：创新与融合 [M]. 北京：中国传媒大学出版社，2015.

[27] 刘立伟. 决胜全媒体：多媒介融合全流程制作 [M]. 北京：化学工业出版社，2015.

[28] 姜平. 媒介融合教程 [M]. 武汉：武汉大学出版社，2015.

[29] 黄楚新. 媒介融合背景下的传媒创新 [M]. 杭州：浙江大学出版社，2011.

[30] 许颖. 媒介融合的轨迹 [M]. 北京：中国人民大学出版社，2010.

[31] 顾煜新，刘思岑. 新媒体环境下网络新闻传播的优化策略浅析 [J]. 记者观察，2022 (26)：88-90.

[32] 彭泓. 新媒体环境下报纸新闻传播的变化与趋势探究 [J]. 新闻研究导刊，2022，13 (17)：89-91.

[33] 于璐. 新媒体时代短视频新闻的传播与创新发展研究 [J]. 新闻文化建设，2022，(14)：159-161.

[34] 陈茜. 新媒体技术在新闻传播中的有效应用 [J]. 西部广播电视，2022，43 (14)：25-27+52.

[35] 付晨璐. 大数据环境下新闻媒体智能化发展策略研究 [J]. 中国传媒科技，2022 (9)：25-28.

[36] 姬存利. 新闻编辑的素质要求及其提升策略 [J]. 采写编，2022 (8)：38-40.

[37] 刘岚，刘昀，王青峰. 浅谈融媒体时代报纸美编如何创新思维顺利转型 [J]. 采写编，2021 (11)：33-34.

[38] 周芳. 融媒体时代新闻生产的流程再造 [J]. 传播力研究，2019，3 (2)：64-65.